目次

事項索引テーマ一覧 …… 3
事項索引 …… 6
人名索引 …… 52
地名索引 …… 67

【付録】
総目次 …… 84
挿絵キャプション一覧 …… 100

凡例

1――――本索引は、『現代語訳　特命全権大使　米欧回覧実記』（全5巻、2005年、慶應義塾大学出版会刊）および『現代語訳　特命全権大使　米欧回覧実記　普及版』（全5巻、2008年、同出版会刊）の総索引である。

2――――索引の構成は、「事項」「人名」「地名」の三部から成っており、項目は五十音順に配列した。採録の基準は以下のとおりである。

【事項索引】 テーマ別に採録した。テーマをゴシック書体で表し、その下に項目を列挙した（ただし「久米の見解」というテーマにはサブテーマを設けた）。なお、読者の便宜を図って、テーマ一覧を索引の前に付した。

【人名索引】 本文中に登場するすべての人名を採録した（挿絵キャプションは除く）。ただし、「ガットリング砲」「キリスト教」「ルター派」など、人物そのものを表していない場合は割愛した。

【地名索引】 本文中に登場するすべての地名を採録した。

3――――項目に続く○囲みの数字は巻数を、アラビア数字はページ数を表す。

4――――項目に続く→は、矢印が示す表記で掲載されていることを表す。

5――――付録として、全5巻分の「総目次」と「挿絵キャプション一覧」を収録した。

［付記］総索引の作成にあたって、人名索引については正木孝虎氏、地名索引については小林養丈氏の協力を得、全体の補訂は泉三郎氏が行った。

事項索引テーマ一覧

◎挨拶
◎移民
◎印刷
◎運河
◎宴会・パーティ
◎園芸
◎王宮・宮城
◎王室・皇室
◎音楽会
◎海軍
◎外交
◎街路
◎ガス
◎学校
◎貨幣制度
◎貨幣制度・度量衡
◎ガラス
◎観劇
◎監獄
◎官邸
◎観覧・見学
◎機関車
◎気球
◎教育
◎教会
◎行政
◎漁業
◎金鉱
◎銀行
◎銀山
◎金属加工
◎空調
◎久米の見解
アルコール
インディアン
運河
外交
化学
ガラス
岩塩
監獄
技術
絹
気風
休暇
行政
漁業
銀行
金属
空気
グッタベルカ
軍事
経済
下水
建築
工業
鉱業
財政
裁判
サンフランシスコ
嗜好品
宗教
習俗
蒸気機関
商業
植民地
人口
製鉄
製油
石炭
石鹼
造船
ダイヤモンド
治水
鉄
鉄道
電気
伝統工芸
天文学
道路
奴隷制
農業
博覧会
比較文化
分業
不動産
文明比較
貿易
防災
マーケット
マンパワー
民族
郵便
養蚕
林業
和紙
◎軍事教練
◎軍隊・兵
◎軍服製造所

◎競馬場
◎化粧品
◎憲法
◎公園・庭園
◎工業
◎鉱業
◎工場
◎香水
◎港湾施設
◎国王・女王
◎孤児院
◎国会議事堂
◎国家元首
◎ゴム
◎細工物
◎採石
◎裁判所
◎財務省
◎産業
◎散策
◎塩
◎市街
◎自然
◎司法制度
◎市役所
◎宗教
◎宗教儀礼
◎宗教教育
◎出版
◎蒸気機関
◎商業
◎商工会議所
◎商店
◎商店街
◎消防
◎食品
◎植物園
◎水上交通
◎水族館
◎水道
◎水道（上水道）
◎水道（下水道）
◎水力
◎税関
◎製紙
◎政治
◎政治と宗教
◎聖書
◎聖人
◎政庁
◎製鉄所
◎石炭
◎石鹼
◎繊維
◎繊維工場
◎戦跡
◎戦争
◎専門学校
◎倉庫
◎造船
◎造船所
◎造幣局
◎大学
◎炭鉱
◎地方行政
◎地方庁舎
◎貯水池
◎通信
◎鉄加工
◎鉄工
◎鉄工所
◎鉄製品
◎鉄道
◎鉄道駅
◎鉄道路線
◎電気
◎電信
◎電信局
◎天文台
◎陶磁器
◎灯台
◎動物園
◎道路
◎時計
◎都市設備
◎図書館
◎土地・国土
◎特許
◎土木・建築
◎取引所
◎奴隷制
◎トンネル
◎日本関係
◎農業
◎農業振興
◎農産物
◎農奴制
◎商店
◎博物館

◎橋・橋梁
◎馬車
◎繁華街
◎万国博覧会
◎皮革加工
◎美術館
◎百貨店
◎病院
◎広場
◎風景・景観
◎風景・景観（車窓から）
◎風景・景観（定期船から）
◎福祉施設
◎服飾
◎文明史
◎兵営
◎兵学校
◎兵器
◎兵器工場
◎兵器製造
◎ペン先
◎貿易
◎砲台
◎牧畜
◎墓地・墓園
◎ホテル
◎ポンプ
◎マッチ
◎民族・国民気質
◎盲・聾唖学校
◎モザイク
◎木工所
◎郵便制度
◎遊覧
◎輸送・運搬
◎要塞
◎養蚕
◎養殖
◎ヨーロッパ論（気候と農業）
◎ヨーロッパ論（鉱・工業）
◎ヨーロッパ論（商業）
◎ヨーロッパ論（政治・社会）
◎ヨーロッパ論（地理と輸送）
◎旅行
◎林業
◎歴史
◎歴史的建築・モニュメント
◎労働
◎ローマ神
◎ローマ法王

事項索引（テーマ別索引）

あ行

挨拶

ヴェルサイユに年賀に赴く ……③55

大使安着、ホテルのバルコニーでの挨拶 ……①71

移民

アメリカの人口問題と移民 ……①56, 57

清国からの移民問題 ……①107～110

印刷

国債の六色印刷 ……③379, 380

サンクト・ペテルブルグの紙幣印刷局 ……④78～80

紙幣の特殊印刷 ……③379

銅版の製版と紙幣印刷 ……①252, 253

ナウマン社（フランクフルトの印刷工場） ……④253, 254

ベルリンの王立印刷局 ……③378～380

ワシントンのプリンティング・オフィス（印刷局） ……①243, 244

ワシントンの紙幣印刷工場 ……①252, 253

運河

アムステルダムの運河 ……③280, 281

アメリカの運河と水上輸送 ……①44, 45

ウィーヴァー運河 ……②421

ヴェネツィアの運河 ……④399（挿絵）

エリー運河 ……①296, 297（挿絵）, 298, 299

オランダの運河と水上輸送 ……③248

コペンハーゲンの運河と港 ……④160（挿絵）

サンクト・ペテルブルグの運河 ……④84（挿絵）

スエズ運河 ……⑤289, 290（挿絵）, 291, 294

デンマークの運河 ……④147

ハンブルグの運河 ……④130

フランスの運河と水上輸送 ……③8

プロイセンならびにドイツの運河と水上輸送 ……③304

ベルギーの運河 ……③182

北海・アムステルダム間の新運河 ……③289, 290

ライデンの運河 ……③271

ロシアの運河と水上輸送 ……④8, 9

ロッテルダムの運河 ……③259

宴会・パーティ

アナポリス海軍兵学校の午餐接待 ……①266

イギリスの接待委員との別宴 ……②441

イギリスの要人たちを招待して別宴 ……②437

イタリア外相による招宴 ……④358

演習場士官集会室での昼食接待 ……③205

オランダ外相接待の夜会 ……③257

王宮における国王招待によるソワレ……③203
王族ヘンドリック侯による招宴……③293
カトラーズ協会による招宴……②370
ガラシールズ町役場での招宴……②295
ガン市の市長招宴……③201
外相による招宴……④196
外相による招宴の後国王主催の舞踏会……④161
各省大臣を招いて宴会……③168
岩塩坑内の招宴……②420
キャヴェンディッシュ卿の荘園訪問……②359〜365
キャメル氏の茶菓接待……②365
キューナード・ラインによる昼食接待……②139
グラスゴーのコーポレーション・ギャラリーにおける招宴……②216
グラント大統領による招宴……①226
クルップ氏による招宴……③332
コヴェントリー市庁舎で古式豊かな市長招宴……②386, 387
コペンハーゲン市による招宴……④158
コルピノ製鉄所における接待……④88
皇帝誕生日の賜餐……③395
皇帝拝謁後略式賜餐……④61
国王による賜餐……④155, 156
サクラメント市による招宴……①116
サンフランシスコ市民主催の大パーティ……①83
ジェイ・クック氏による招待……①356〜358
シェフィールドのウィルソン邸への招待……②346, 347
上海知県による招宴……⑤374
ジュネーヴ近辺の有力者を招いて宴会……⑤107
スイス大統領の招宴……⑤88
スエーデン国王による賜餐と舞踏会……④190
スペインの駐米公使による招宴……①227
スレーン村ガラス工場での接待……③209
正副大統領、各省長官を招いてのパーティ……①233
製紙工場主コーワン氏による接待……②246
接待係メヤー氏との別宴……①344
接待係ファン・デル・タック氏による招宴……③287
灯台見学の船旅と灯台管理局による食事接待……②252〜254
ソルトレイクシティでの大使主催新年宴会……①149
ソルトレイクシティ市による招宴……①150
タイタス氏の工場事務所での接待……②333
ティエール大統領による招宴……③175
デロング公使らを招いての宴会……①245

1 事項
2 人名
3 地名
4 総目次
5 挿絵キャプション一覧

あ

バーミンガム市長の招宴 ……②398
ハリファックス市庁での昼食接待 ……②341
ビスマルクによる招宴 ……③368
フィラデルフィア市民による招宴 ……①367, 368
フィラデルフィア接待役を招待 ……①245
ブライトン市長の昼食接待 ……②64
ブラッドフォード市長の招宴 ……②328
プリンス・オブ・ウェールズの賜餐 ……②437
プリンス・フレデリックによる招宴 ……③290
プロイセン王宮で、皇帝による賜餐 ……③358
プロイセン各省大臣を招いた宴会 ……③396
富豪ブランタイア卿邸に招かれる ……②213, 222, 227, 228, 230, 231
ボストン市の招宴 ……①404
ボストン出港に際してのお別れの宴 ……①415, 416
ボリンデル製鉄所社長による接待 ……④207
マンチェスター市内の商社による招宴 ……②209
メルローズ・アベイ散策と村人の接待 ……②295, 296（挿絵）, 297
元オランダ公使による招宴 ……③288
リヴァプールの有力者を招き宴会 ……②164
リヴァプール市長の招宴 ……②127
リギ山登山鉄道落成記念パーティ ……⑤82
レイディ・フランクリンのガーデン・パーティ ……②87
レディング市の招宴 ……②433
ローウェル市庁での昼食 ……①412
ローザンヌ市の招宴 ……⑤107
ワーリック市長邸の晩餐会……②389
ワシントンのホテルにおける大使主催のレセプション ……①226

園芸

ガン市、ハンプティン氏の温室園芸 ……③200, 201

王宮・宮城

アムステルダムの王宮 ……③283
ヴァチカン宮殿の宝庫……④343, 344
ウィーンのヴュルテンベルグ宮殿 ……④459（挿絵）
ウィンザー城 ……②88（挿絵）, 89
オーストリア帝室厩舎……④457, 458
オーストリア帝室宝庫……④456, 457
王宮訪問と礼拝式 ……③354
カセルタの離宮 ……④364, 365
クィーンズ・パレス ……③266
スエーデンの王宮 ……④189（挿絵）
デンマークの王宮 ……④153, 154（挿絵）
ドロットニンホルム離宮 ……④196～198
ニコライ大公の宮殿……④72（挿絵）
ハーグの王宮 ……③257, 258（挿絵）

バッキンガム宮殿……②74
ベルギー王宮……③195
ベルリンの王宮……③356（挿絵）
ポツダムの諸離宮……③399, 400（挿絵）, 401, 402, 403（挿絵）, 404, 406
ロシア王宮内宝庫、エルミタージュ……④57〜59, 60（挿絵）, 61
ロシア皇太子の宮殿……④72（挿絵）
ロシア皇帝の冬宮……④62（挿絵）
ロシア皇帝の礼拝堂と王室の墓所……④65
ロンドン塔（かつてのイギリス王城）……②49, 105

王室・皇室

ウェストミンスター、イギリス王室……②48
オランダ王室の起源……③240
オランダ王族ヘンドリックによる別宴……③293
オランダ皇太子との会見……③275
オランダ皇太子による招宴……③290
王族との会見……③358
皇后の指示による病院見学……③363
皇太子の宮殿……③356（挿絵）
コンスタンチン大公……④73
女王配偶者、プリンス・アルバートの産業振興努力……②59
大演習とイギリス皇太子……②92
ドイツ皇太子と皇太子妃の謁見……③358
ニコライ大公と会見……④97
プリンス・オブ・ウェールズの昼餐……②437
ロシア皇后のイタリア来遊……④379
ロシア皇太子との会見……④89

音楽会

プロイセン王立劇場におけるオペラ……③352
ボストンの太平楽会……①323, 324,（挿絵）, 325, 326
リヴァプールのパイプ・オルガンの演奏……②156
ワシントンの国立劇場のオペラ招待……①225

か行

海軍

オランダ海軍省……③265
デンマーク海軍の造船所……④159〜161
フィラデルフィアの海軍訓練所と造船所……①374
メヤ島の海軍造船所……①77
ポトマック川のアメリカ海軍造船所……①246, 253
ロシア海軍省……④52（挿絵）

外交

アラバマ号事件……①346, ③117, ⑤102, 103
外交的に見てロシアは危険な国か……④108〜113
ビスマルクのスピーチ、国際関係における大国と小国……③368, 369

か

常備軍拡充についてモルトケ参謀総長が国会で行った演説……③383〜386
スマトラのアチェ国とオランダの軍事衝突……⑤338, 339
南北戦争と綿花輸入途絶の影響……②175, 176

街路

ウィーンのリングシュトラーセ……④439〜441
ウィーンの街路……④441
ウンター・デン・リンデン大通り……③339
グラスゴーのメインストリート……②221（挿絵）
サンクト・ペテルブルグのコンノグヴァルジェイスキー通りとネフスキー通り……④38
サンクト・ペテルブルグ市の街路……④37
上海旧市域の街路……⑤372
スコットランドのトール・ゲイト……②266
ナポリの海岸通り……④366（挿絵）
ニューヨークのブロードウェイ……①380（挿絵）
パリ、ブールヴァール・デ・イタリアン……③35
フィラデルフィアのアーチ・ストリート……①366（挿絵）
ブラッセルのリュー・ロワイアル……③197
ボストンのビーコン・ストリート……①322
ポンペイ遺跡の街路……④375
マルセイユのラ・プラード通り……⑤121
ライデンの街路……③271
ライデンへの美しい馬車道……③267
ロンドンのリーゼント・ストリート……②40（挿絵）
ワシントンのペンシルヴァニア・アヴェニュー……①206（挿絵）

ガス

グリニッジ郊外ベクトンのガス工場……②434, 435
石炭ガスの製造と副産物……②434, 435

学校

ウェスト・ポイント陸軍士官学校……①287, 289（挿絵）, 291〜293
ヴェルサイユのエコール・サンシール……③99〜102, 104
オークランドの小学校、私立兵学校、盲聾唖学校、大学……①91〜93
サンクト・ペテルブルグの医学校と付属解剖学教室・女子学生……④102, , 103
サンフランシスコのデンマン女学校……①81, 82
サンフランシスコのリンカーン小学校など……①82, 83
スイス、ベルン市の小学校……⑤88, 89
ストックホルムの小学校……④208
スミソニアン・インスティテュート

……①246
ソルトレイクシティのマウンテンホール・スクール……①147
ソルトレイクシティのモルガン商業学校……①147
タイタス氏の企業内小学校……②331
バーミンガム、チャンス氏の工場内小学校……②392
ハリファックスのクロスリー孤児学校……②340, 341
フィラデルフィアのジラード・カレッジ……①364, 365
ベルリンの国立小学校……③395
ベルン市の私塾……⑤90
マドリード市内の学校……⑤135
マンチェスターのオウエンズ・カレッジ……②205
ロンドン市内の小学校……②102, 103
ワシントンの黒人学校……①229
貨幣制度
イギリスの貨幣制度……②28, 443〜445
オーストリアの貨幣制度……④426
スエーデンの貨幣制度……④182
デンマークの貨幣制度……④150
貨幣制度・度量衡
アメリカの貨幣制度と度量衡……①60, 61
イタリアの貨幣制度と度量衡……④298, 299
オランダの貨幣制度と度量衡……③250, 251
スイスの貨幣制度と度量衡……⑤50
天秤……③387
フランスの貨幣制度と度量衡……③19, 20
プロイセンの貨幣制度と度量衡……③317
ベルギーの貨幣制度と度量衡……③192
ロシアの貨幣制度と度量衡……④21, 69
ガラス
色ガラス、カットグラス等の製造……③206〜209
板ガラス製造工程……②171〜173, 392〜395
ヴァル・サン・ランベール社のガラス工場……③206, 207, 208（挿絵）, 209
ヴェネツィア、ムラーノのガラス工芸アトリエ……④400〜402
ガラスの原料……②168〜170
ガラスの製造技術……③221〜224
ガラスビーズの製造法……④401, 402
ガラス器研磨技術……②399
カントスランバー社の薄板ガラス工場……③220, 221
鏡の製造工程……②173〜175
クールセル村の板ガラス工場……③218〜220
セント・ヘレンズの板ガラス・鏡工場……②167〜175
バーミンガム、オスラー氏のガラス器具工場……②399
バーミンガム、チャンス氏の灯台用

か

ガラス部品工場……②392〜394

ビーズによるヴェネツィア・モザイク技法……④402

観劇

上海で観劇……⑤374

劇場に招待……①233

コペンハーゲンで観劇……④156

芝居への招待……④51, 207

ストックホルムで観劇……④199

マンチェスター市で芝居の招待……②176

リヴァプールで観劇……②141

監獄

監獄内の説教壇……③391, 392

ジュネーヴのエヴェシュ監獄……⑤100

パリの監獄…③153, 154, 155（挿絵）

フィラデルフィアの監獄……①372, 373

ベルリンの監獄……③390〜392

マンチェスターの監獄……②183, 184（挿絵）, 185〜187

マンチェスター監獄における水汲みの苦役……②185, 186

官邸

ホワイトハウス……①218, 226

観覧・見学

アムステルダムのクリスタル・パレス……③284（挿絵）, 285, 286

アムステルダムの王宮……③282（挿絵）, 283

ウィーン万博……④467, ⑤8〜19, 21〜36, 37（挿絵）, 38, 39

ウィンザー城……②88（挿絵）, 89

ウェストポイトン士官学校の期末演習……①289〜292

ウェストポイントの花火……①292

ヴェルサイユ宮殿と庭園……③103（挿絵）, 104, 105, 106（挿絵）, 107

エディンバラ城…②236, 237（挿絵）

カリフォルニア州兵のパレード……①77, 78

狐狩り……②404, 405

クイーンズ・パレス……③266

クリスタルパレスの観覧・花火……②111（挿絵）, 112〜115

サンクト・ペテルブルグのサーカス……④61

ドロットニンホルムの離宮……④196〜198

奴隷解放記念日のパレード……①246

灯台見学の船旅と灯台管理局による食事接待……②252〜254

バッキンガム宮殿…②74, 75（挿絵）

パリのパノラマ……③50, 51

フォンテーヌブロー宮殿……③124〜126

ブランドフォード・フォーラムの演習……②64

ベーコン・ヒルの大観兵式……②91, 92

ベルリンのサーカス……③358, 359

ホリールド・ハウス……②239, 240（挿絵）, 241

か

ミュンヘンのバイエルン女神像……④272（挿絵），273，274
メモリアルデー……①269，270（挿絵），271，272
夜の水族館……③350，351
リヴァプールのサーカス……②156
リヴァプール市庁訪問と議会……②126
ロンドン塔…②104（挿絵），105，106
ワーリック伯爵の古城……②387，388（挿絵），389

機関車

クルウの機関車・レール製造工場……②156，158〜163
サクラメントの機関車工場……①114，115
フィラデルフィアの機関車工場……①372
モアビット村の製鉄所の機関車用機械工場……③398

気球

気球……①328

教育

アメリカの教育……①58〜60
イギリスの教育……②25〜27
イスパニアの教育……⑤141
イタリアの教育……④298
オーストリアの教育……④424，425
オランダの教育……③250
スイスの基礎教育、その意義……⑤89，90
スイスの基礎教育カリキュラム……⑤55
スイスの教育……⑤50
スエーデンの教育……④181
スエーデン王立科学アカデミーの社会人教育……④190
西洋の普通教育のカリキュラム……④209，210
チューリッヒ州の教育と学校、ポリテクニック・スクールやチューリッヒ大学など……⑤53〜56
デンマークの教育……④150
フランスの教育……③18，19
プロイセンの教育……③315，316
ベルギーの教育……③192
ポルトガルの教育……⑤147
ロシアの教育……④19，20

教会

ウィーンの聖ステフェン教会……④459（挿絵）
王立病院内の礼拝堂……③363
コルピノ村の三位一体教会……④85
サンクト・ペテルブルグのカザンスキー大教会、イサク教会、スモールヌイ・モナストゥイリ……④38
ソルテア村の教会……②330（挿絵）
ノートルダム教会……③57（挿絵）
フィレンツェのサンタ・マリア・デル・フィオーレ……④302，304，305
ブラッセルのサン・ミッシェル教会……③198（挿絵）
プレジビテリアン教会……②285
リヴァプール、セント・ジョージ教会……②156，157（挿絵）
ローマ、サン・ピエトロ大聖堂

か

…………④329, 330, 331（挿絵）, 332

行政

アメリカの国家計画 ……①166〜169
アメリカ合衆国の立法と行政 ……………………………………①222〜225
移民と自主の精神 …………①263, 264
準州 ……………………………………①142, 143
州権と州間の競争……①378, 379, 381
ドイツ連邦を形成する国々 ……………………………………④120〜122
南北戦争 ……………………………………①232
南北戦争と財政 ………………①345, 346
南北戦争と農業への影響 ………①198
ネイティブアメリカンと習性 ………①132〜135, 136（挿絵）, 137
フランスの行政区分、中央と地方 ……………………………………………③5〜7
マンパワーと移民 …………………①167
ロシアの財政不安定とインフレーション ……………………………………④81, 82

漁業

オランダ北海沿岸の漁業 ………③246
スエーデンの漁業 …………………④178
ゾイデル・ゼーの牡蠣漁業……③280
フランスの漁業 ………………………③12
ベルリンで開催された漁業展に見るヨーロッパ漁業事情……③397, 398

金鉱

金の採取法…………………………①121, 122
砂金の水披法ならびにアマルガム法 ……………………………………………①119
シェラ・ネヴァダの金鉱、金の採掘その他の論 …………①119〜123, 125

銀行

イングランド銀行……………………………②28, 45, 46（挿絵）, 443, ③131
フランス国立銀行…………③131〜135

銀山

ソルトレイクシティの銀山……①150

金属加工

ヴォールスホーテン村、ファン・バン氏の銀器製造工場……③287, 288
鉛丹・鉛糖 ……………………………②320
ガルバン法による電鋳 …………②400
金属器の紋様彫刻技術 …………③288
金属象眼技術 …………………………③162
コインのミンティング …………①361
シェフィールド、ディクソン氏の金銀メッキ器具製造 ………②369, 370
真鍮管の引抜き ………………………④87
石膏鋳型を使う鋳造 ………………②401
鉛の精錬……………②315, 316, 319, 320
ニューキャッスルのターシス製銅所 ……………………………………②311, 312
ニューキャッスルの鉛精錬所 ……………………………………②315, 316
バーミンガム、エルキントン鋳造工場 ………………………………②399〜403
パリのクリストッフル社金銀銅器具製造工場 ……………………③159〜162
白鉛の製造技術………………………②318
プロヴィデンスの金銀器製造工場 ……………………………………………①414

空調

ベルリンの王立病院の排気処理 ……………………………………③360, 361

か

ワシントンの精神病院のエア・コンディショニング …………①272, 273

久米の見解

アルコール

アルコール飲料と国益 ……………………………②380～382

インディアン

インディアン ……………①133～135

運河

運河論 …………………………①299～301

スエズ運河建設とレセップスの物語 ……………………………………………⑤283～289, 290（挿絵）, 291

外交

中立の不安定さ …………③117, 118

ロシアは危険な国か―ロシアをめぐる国際的条件 ……④108～113

化学

化学工業の重要性 ……②384～395

ガラス

ガラス …………………………②168～170

ガラス製造技術…………③221～224

岩塩

岩塩………………………………②417～420

監獄

各地の監獄 …………………………③393

技術

技術博物館の意義 …………③64, 65

絹

西欧における絹需要動向 ……………………………②384, 385

気風

アメリカ各都市の気風比較 ……………………………①368, 369

英国人気質、時は金なり ……②43

ベルギー国民の強健……③204, 205

休暇

休暇………………………………①335～338

行政

ナポレオン三世の労働福祉政策 ……………………………………③79～84

漁業

欧米の漁業と魚食 ………………③293

銀行

銀行と仕組…………………③135～139

金属

銅 ………………………………………②312, 313

鉛 ……………………………………②319～321

空気

人間の生活と空気 ………③361, 362

グッタペルカ

グッタペルカ ………………………②401

軍事

イギリスと海軍 ………………②68, 69

イギリスと陸軍、常備軍論 ……………………………………②93～96

プロイセンの軍事力とクルップの兵器 …………………………③331, 332

モルトケ参謀総長の常備軍拡充についての演説…………③383～386

ロシアの海軍 …………………④88, 89

経済

貨幣論 …………………………①362～364

下水

下水 …………………………③110, 111

建築

か

西洋家屋の屋根 …………①320, 321

工業

英仏工業比較小論 ………③159, 160

英仏の工業比較 ……………………③85

鉱業

黄金 ……………………①120～123, 125

マンガン鉱石……………………③189

肥料としての鉱物 …………④98, 99

財政

フランスの財政 ……………③66～68

裁判

東西の人情と裁判 ……③151～153

サンフランシスコ

サンフランシスコ …………①67, 68

サンフランシスコの将来性と今後の日本の課題 …………①98～103

嗜好品

酒と煙草のたしなみ方 ………②191

宗教

ロシア皇帝と宗教…………④66～68

習俗

レディ・ファーストの習俗 ……………………………①266, 267

蒸気機関

蒸気機関と蒸気船の発明 ……………………………①238～240

商業

商業振興に必須な三つの組織 ………………………②216～220, 222

植民地

オランダの植民地ジャワトその産物 …………………………③263, 264

人口

プロイセンの人口動態 ……………………………③333, 334

製鉄

高炉製鉄……………………②301, 302

製鉄と機械技術の大切さ ……………………………④55, 56

石炭不足の国の製鉄燃料事情 ……………………………………④207

製油

ヨーロッパの芥子生産と菜種油生産 ……………………………④260

石炭

石炭論 ……………………②304～306

石鹼

石鹼 …………………………③172, 173

造船

小規模造船所……………………④201

ダイヤモンド

ダイヤモンドとイミテーション ……………………………………③70

治水

山のないオランダの治水 ……………………………③257, 259

鉄

鉄と鋼 ……………………②352～355

鉄利用立国論 ……………③210～215

鉄道

欧米における鉄道建設事業の方法 ……………………………③183～185

電気

電気の発見とその利用 ……………………………①240～243

伝統工芸

か

伝統工芸の保護…………③143～145

天文学

天文学 ……………………③149, 150

道路

道路と車輪の効用 ……①209～211

奴隷制

奴隷制度 …………………①230～233

農業

コーヒーと茶の需要 …………⑤326

トウモロコシ ……………①173, 174

農業技術の比較…………②438～441

農業博覧会 ………………②432, 433

パン食と農業 ……………③114～116

綿花 ……………………………⑤309

綿花の品質論 ……………①404～407

ヨーロッパの農業小論 ……………………③123, 124

博覧会

博覧会と産業の発展・日本は40年遅れであるとの説 …②58～62

比較文化

アメリカの発展と自主・自立精神 ……………………①261～265

恨みの種を保存する愚かしさ ……………………③373, 374

外国事情を知ることの大切さ ……………………⑤365, 366

カトリック圏の壮麗な教会堂 ……………………………③56

カトリックの権威と堕落 ……………………④352～354

植民地支配のヨーロッパ人の傲慢と強欲…………………⑤341, 342

信仰と軍隊…………………③269～271

スイスの基礎教育、その意義 ……………………………⑤89, 90

西洋の社会教育施設 ………①74, 75

西洋の普通教育のカリキュラム ……………………④209, 210

地域別に見る貧困と無気力 ……………………⑤303～305

東西の事業計画の比較 ……………………③218, 219

土蔵と地下室 ……………③281, 283

日本の戦国大名と遣欧使節 ……………………④397, 398, 400

農業と太陽暦・太陰暦 ……………………③407, 408

博物館・図書館の意義 …③60～62

博物館の効用 ……………②118～120

風俗・習俗・自主性 …④220～224

文書館の意義……………………④396

ヨーロッパ人の物欲と封建制度 ……………………④229, 231

ヨーロッパ文化・文明の起源としてのローマ ……………④358～360

ローマ文明史 ……………④317～323

分業

技術と分業 ………………②316, 317

不動産

イギリスにおける不動産所有 ……………………②228～230

文明比較

イギリスの富強の根源と、東西の文明比較…………………②290～293

貿易

か

「燕窩菜」から交易について連想することと……⑤369, 370

クレーンの効用と原理……②148〜151

穀物の乾燥技術と貿易……②136〜138

鉄がイギリスにもたらしている利益……②163, 164

ドックと貿易……②128〜130

日本人の貿易感覚にアジアが脱落していること……⑤333, 334

プロイセンの興隆とヨーロッパ中部の貿易動向……③344〜348

貿易と梱包技術……②194, 195

貿易に不可欠な設備と組織……①94, 95

防災

ボストン大火と都市防災……①403, 404

マーケット

マーケットの性質と技術の独自性……③45〜47

マーケット論……①280, 281

マンパワー

国土の発展とマンパワー……①166〜169

民族

清国人移民と労働賃金……①108〜110

ロシア上層部とドイツの血……④43〜45

郵便

郵便制度・宅配便……①257, 258

養蚕

イタリアにおける繭の乾燥……④350, 351

林業

ドイツの山林保護……④261, 262

ドイツの林相と林業……③321〜323

ヨーロッパの土地利用と森林……④283, 284

ライン地方の重要性……③326, 327

ロシアの森林資源利用とカリ生産……④31〜33

和紙

和紙の評価……③174

軍事教練

オーストリア皇帝主催のオーストリア軍練兵……④445, 446

新兵の射撃訓練……③116

スイス小学生の軍事教練……⑤60

スエーデン軍の訓練見学……④192, 193

体操訓練と士気……③118, 119

デンマーク兵の教練見学、兵制……④153

馬術の訓練……③102, 104

フェンシング訓練……③100

ベーコン・ヒルの陸軍演習と観兵式……②91〜93

ベルギー陸軍の演習……③203, 204

練兵と騎馬訓練……④105, 106

ロシア兵の練兵……④73

軍隊・兵

ウェスト・ポイント陸軍士官学校……①287, 288（挿絵）, 289〜293

英国海軍……②64～68
オーストリアの軍隊……④446, 447
オーストリア皇帝主催のオーストリア軍練兵……④445, 446
オランダ軍の士気……③270
火器の発達による戦術の変化……③100, 101
軍艦機関製造工場……②436
コーチンチャイナの常備軍……⑤357
コサック兵……④106
常備軍……②93～96
信仰と軍隊……③269, 270
スイスの軍事力……⑤44, 45
スイスの小学生の軍事教育……⑤56, 60
スイス傭兵の武勇、記念像……⑤84
スエーデンの海軍工廠と砲塔艦、海軍……④192
スエーデンの軍学校……④198
スエーデン軍練兵と国王の臨御……④193
スマトラのアチェ国とオランダの軍事衝突……⑤338, 339
バイエルンの兵士……④269
フランスの陸軍士官学校、エコール・サンシール……③99～104
フランス兵の射撃訓練場……③102
プロイセンの常備軍……③382, 383
香港の駐在部隊……⑤364
モルトケ参謀総長の演説……③383～386
ユタ準州のキャンプ・ダグラス……①146, 147
ロシアの海軍……④88, 89
ロシア参謀本部……④52（挿絵）
ワーテルローの戦闘状況……③227, 228（挿絵）, 229, 230（挿絵）, 231

軍服製造所

オーストリアの軍服製造所……④454～456
軍用衣料・靴工場……④96, 97

競馬場

サンフランシスコの競馬場……①86

化粧品

パリの化粧品工場、蜂蜜王社……③171～174

憲法

アメリカ合衆国の憲法……①222, 223
デンマークの憲法……④146
ベルギーの憲法・立法府・行政府……③180～182

公園・庭園

アデンの公園……⑤305
ウァックウェラ・ガーデン……⑤319, 320
ウィーンのプラーテル公園……⑤8
ヴェルサイユ宮殿の庭園……③105, 106（挿絵）, 107
エルベ河岸の公園……④135, 136
クリスタルパレスの庭園……②114, 115
ケンジントン公園……②49
コペンハーゲンのフレデリクス公園……④158
サンフランシスコのアグリカルチュ

か

ラル・ガーデン……①86
サンフランシスコのウードワード公園……①73, 74
シナモン・ガーデン……⑤318
シャトー・サン・クルーの庭園……③87
セーヌ川のケー・ドルセー公園……③109（挿絵）
ティーアガルテン……③348, 350
ニューヨークのセントラル・パーク……①281〜284, 285（挿絵）, 286
ハーグの森公園……③265
ハイド・パーク……②48
ビュット・ショーモン公園……③78, 79
フィラデルフィアのフェアモント公園……①365, 366（挿絵）, 367
フィレンツェのボボリ庭園……④307
フィレンツェの庭園……④303（挿絵）
ブラッセル王宮前の公園……③195, 196（挿絵）, 197
フランクフルトのパルメンガルテン……④250, 251
ペーテルホフの庭園……④62（挿絵）
ベルンの公園……⑤60, 84
ボア・ド・ブーローニュ……③38, 168
ボストンのコモン・パーク……①321, 322
マルセイユのラ・プラード……⑤121
マンチェスターのアレクサンドラ・パーク……②190
ミュンヘンのイギリス公園……④271, 273
モンヴェスシウオ公園……④379
リーゼント・パーク……②49
リュクサンブール宮殿の庭園……③131
ロンドンのセント・ジェームズ公園……②48

工業

アメリカの工業……①52〜54
イギリスの工業……②14〜16
イスパニアの工業……⑤140
イタリアの工業・工芸……④296
ウィーンの工業……④442
オーストリアの工業……④420
オランダの工業……③246, 247
スイスの工業……⑤48, 49
スエーデンの工業……④178, 179
デンマークの鉱・工業……④149
パリの工業製品……③40, 41
フランスの工業……③13, 14
プロイセンならびにドイツの工業……③311〜313
ベルギーの工業……③188, 190
ポルトガルの工業……⑤145, 146
ロシアの工業……④13, 14

鉱業

アムステルダムのダイヤモンド研磨工場……③286, 287
アメリカの鉱業……①51, 52
イギリスの鉱業……②11〜14
イスパニアの鉱業……⑤139, 140
イタリアの鉱業……④296
オーストリアの鉱業……④419, 420
オランダの鉱業……③246

か

スイスの鉱業……⑤47
スエーデンの鉱業……④178
フランスの鉱業……③12, 13
プロイセンならびにドイツの鉱業……③309〜311
ベルギーの鉱業……③188, 189
ポルトガルの鉱業……⑤145
ロシアの鉱業……④13

工場

エディンバラの蒸気牽引車製造工場……②241, 242
グラスゴー、ダブス社の機関車工場……②215
サンフランシスコのブース社の鉱山機械工場……①77
ニューキャッスル、スティーブンス氏のソーダ工場……②321, 322
ロッテルダムの鋳物工場……③264, 265

香水

香水の抽出……③171

港湾施設

アムステルダムの港と水路……③280
アントウェルペン港……③232, 233
イギリスの海港……②6, 7
カレー港……③23
グラスゴーのクライド河岸……②221（挿絵）
コペンハーゲンの港…④160（挿絵）
コペンハーゲン港口…④152（挿絵）
港湾としてのネヴァ川口……④42, 43
サウスシールズ港のバラスト山……②322, 323
浚渫船……②314
ゾイデル・ゼーのドック……③290
ドーヴァー港……③22, 23
難破船の救難技術……②325
ハンブルグ港……④131, 135
防波堤と石材……②323, 324
ポーツマス軍港、新造砲塔甲鉄艦、記念艦ヴィクトリー号、英国海軍……②64〜68
マルセイユの埠頭……⑤122, 123（挿絵）
リヴァプール・ドックとその設備、水門、乾ドック、クレーンその他の荷揚げ機械、倉庫等……②128〜131, 132（挿絵）, 133〜140
リヴァプールの岸壁…②124（挿絵）
ロンドン・ドック……②37, 38, 442

国王・女王

イギリス国王の首相任免権……②84
イギリス立法府の長としての国王……②76
イタリア国王・王妃の賜餐……④344
イタリア国王に別れの挨拶……④379
イタリア国王の謁見……④342
ヴィクトリア女王の謁見……②437
王宮における皇帝の招宴……③358
オーストリア皇帝・皇后自ら乞食の足を洗う儀式……④460
オーストリア皇帝の謁見……④456
オーストリア皇帝主催のオーストリア軍練兵……④445, 446
オーストリア皇帝主催の儀式、コーパス・クリスティを拝観

か

……④458, 460
オランダ国王の謁見……③257
女王、離宮に行幸中……②55
スエーデン国王の謁見、賜餐、舞踏会……④190
スエーデン国王の臨御と軍練兵……④193
デンマーク国王の謁見、王妃の謁見……④155
デンマーク国王の賜餐……④155, 156
デンマーク国王主催の舞踏会……④161
ドイツ皇帝、漁業展開会式に臨御……③397
ドイツ皇帝ウィルヘルム一世の謁見……③352
ドイツ皇帝の権限と帝位……③355
ドイツ皇帝誕生日の招宴……③395
ベルギー国王のソワレ……③203
ベルギー国王の謁見……③195
ロシア皇帝アレクサンドル二世の謁見……④61
ロシア皇帝と宗教の関係……④66, 67
ロシア皇帝の歳入……④61

孤児院

パリの孤児院……③58
ハリファックスのクロスリー孤児院……②340, 341

国会議事堂

イギリス国会・パーラメント……②76
合衆国国会議事堂・キャピトル……①205, 219, 220（挿絵）, 221, 222
フランス議会の議事堂として使われたヴェルサイユ宮殿（挿絵）……③54
ロシアの国家評議会・大審院・宗務院……④50, 51

国家元首

アメリカ大統領夫人から花束を贈られる……①218
グラント大統領の謁見……①218
グラント大統領の招宴……①226
グラント大統領別離の謁見と挨拶……①344
スイス大統領の謁見……⑤59
スイス大統領の招宴……⑤88
ティエール大統領の謁見、政治家としてのティエール……③52, 53
ティエール大統領の招宴……③58
ティエール大統領の別れの宴……③175
登山鉄道開通式に臨むスイス大統領夫妻と逢う……⑤77, 79
ビスマルクのスピーチ、国際関係における大国と小国……③369, 370
ビスマルクの人となりと威名……③368, 369

ゴム

エディンバラ近郊、バートレット社のゴム製品……②243, 244
エディンバラ近郊、硬質ゴムによるアクセサリー製造……②244〜246
ゴムの原料調整と加工……②201, 202
硬質ゴムとその加工……②244, 245
マンチェスター、マッキントッシュ・ゴム製造所……②200〜202

さ

さ行

細工物
ナポリの珊瑚細工 …………………④372
フィレンツェの大理石細工
……………………………………④310, 311
ブラッセルの寄木細工工場……③225
採石
サウスシールズのライムストーン採石場 ……………………………②323, 324
裁判所
イギリスの巡回裁判所……②182, 183
エディンバラの高等裁判所……②236
チェスターの裁判所と監獄
……………………………………②423, 424
フランスの最高裁、パレ・ド・ジュスティス ………………………③150, 151
マンチェスターの軽罪裁判所
……………………………………②203〜205
財務省
ワシントンの財務省
…………………①250, 251（挿絵）, 252
産業
アメリカ中西部諸州の農産物統計
……………………………………①196
アメリカ中西部諸州の牧畜業統計
……………………………………①194
サウス・ケンジントンの常設展示場と技術振興
……………②55, 56（挿絵）, 57〜62
ザクセン王国の産業 ……④246〜248
中西部諸州の機械製作資本……①198
バイエルン王国の産業……④264, 274
パリの産業文化がドイツに与えた影響について …………………③41, 43, 44
ハンガリーの産業事情 …④464〜467
散策
アデン散策 ……………………⑤302〜306
ゴール散策 ……………………⑤315〜321
サン・ジェルマン散策 ……………③58
ジョージタウンの墓園散策……①339
ショロン散策 …………………⑤353, 354
上海散策 ………………………⑤372〜374
ティーア・ガルテンの散策
……………………………………③348〜350
ハンブルグのエルベ河岸散策
……………………………………④135, 136
ビュット・ショーモン公園散策
……………………………………③78, 79
フィラデルフィアのフェアモント公園散策 ……①365, 366（挿絵）, 367
フランクフルトのパルメン・ガルテン散策 …………………………④250, 251
ボア・ド・ブーローニュ散策
……………………………………③168
ポートサイド散策…………⑤277〜279
ボールトン・アベイの散策 ……………
②341, 342, 343（挿絵）, 344, 345
香港散策 ………………………⑤363, 364
メルローズ・アベイ散策と村人の接待 ……………②295, 296（挿絵）, 297
ロスリン教会散策
……………………………②250, 251（挿絵）
塩
ノースウィッチ、マーガトロイド氏の塩井 ……………………………②420, 421

さ

ノースウィッチ、マーストン氏の岩塩坑……②415〜420

市街

コペンハーゲンの市街……④162（挿絵）

ベルン市街……⑤58（挿絵）

自然

アメリカの気候……①47, 48

イギリスの地形、気候……②5〜8

イスパニアの気候……⑤137, 138

イスパニアの地形……⑤134

イタリアの気候風土……④292, 293

イタリアの地形……④290〜292

オーストリアの気候……④418

オーストリア帝国の地形……④417, 418

オランダの国土と自然……③241〜244, 251〜253

スイスの地形……⑤45, 46

スエーデンの地形と気候……④173〜176

デンマークの地形と気候……④147, 148

フランスの気候……③9, 10

フランスの地形……③7, 8

プロイセンの河川……③303, 304

プロイセンの気候……③304, 305

ベルギーの国土と自然……③182

ポルトガルの地形と気候……⑤144

ロシアの気候……④10

ロシアの地形……④7, 8

司法制度

アメリカ合衆国の立法と行政……①222〜225

プロイセン国地方法……④123

ベルギーの憲法・立法府・行政府……③180〜182

ロシアの国家評議会・大審院・宗務院……④51

市役所

フィレンツェの市役所……④308

宗教

アメリカの指導層と宗教……①168

アメリカの宗教……①60

イギリスの宗教……②27, 28

イスパニアの宗教……⑤141, 142

イスラム教（マホメット教）……②27, ③106, 270, ④21, 67, 68, ⑤128, 141, 142, 163, 306, 310, 317, 325, 331, 335, 346

イタリアの宗教……④298

インデペンデント派とピルグリム・ファーザーズ……①37, 38

英国国教の礼拝に参加……②285

オーストリアの宗教……④425, 426

オランダの宗教……③250

カタコウムと初期キリスト教……④347, 348

カトリックの権威と堕落……④352〜354

カトリック圏の壮麗な教会堂…③56

ギリシャ正教の儀式……④70, 71

ゴールの仏教寺院における見聞……⑤316〜318

ザクセンの宗教……④248

ジュネーヴのサン・ピエール教会と

さ

カルヴァン……⑤96
新・旧宗教の境としてのバイエルン……④265
スイスの宗教……⑤50
スエーデンの宗教……④181, 182
デンマークの宗教……④150
ニューヨークのキリスト教青年会（YMCA）……①383
パリ市内の壮麗な教会堂とカトリックの特質……③40
フェリペ二世時代の異端審問……⑤128
フランスの宗教……③19
プロイセンとローマ・カトリックの確執、ベルリン市民と信仰心……③343, 344
プロイセンの宗教……③316, 317
プロテスタント……①37, 60, 149, 376, 388, ②68, 106, 155, ③19, 40, 56, 168, 191, 250, 316, 344, ④125, 127, 150, 181, 224, 248, 263, 298, 326, 327, 329, 354, 409, 425, 426, ⑤42, 52, 59, 96, 128, 146, 147, 163
ベルギーの宗教……③191
ポルトガルの宗教……⑤146, 147
南ドイツとカトリック……④262, 263
モルモン教とその教会……①143, 144（挿絵）, 145, 146
モルモン教会での礼拝……①149
ユダヤ教……①60, ②27, ③191, 250, 283, ④21, 248, 298, 353, 411, 425, ⑤162, 295
ヨーロッパ政治史の中のカトリックと法王……④326〜329
ルター派（ルーテル派）……③251, 316, ④20, 68, 150, 181, 218, 229, 240, 243, 244, 258, 411, 414, 425, 463
ロシアの宗教……④20, 21
ロシア皇帝と宗教の関係（東方聖教）……④66, 67

宗教儀礼

オーストリア皇帝による伝統的宗教儀式……④458, 460
皇帝・皇后自ら乞食の足を洗う儀式……④460

宗教教育

スイスの宗教教育……⑤55

出版

アメリカの新聞発行……①391
ニューヨーク、聖書協会の出版事業……①383

蒸気機関

蒸気機関車……②241, 242（挿絵）
蒸気機関と蒸気船……①238〜240

商業

イギリスの商業と貿易……②16〜21, 441〜443
欧州市場の中心としてのパリ……③41
フランスの商業と貿易……③14〜17
ロシアの商業と貿易……④14〜17

商工会議所

グラスゴーの商工会議所……②216

商店

コペンハーゲンの朝市……④163

さ

ニューヨーク、イーストリバー桟橋の露店……①281
ニューヨーク、ブロードウェイの露店……①280
フィレンツェの日本物産販売店……④311
マルセイユの露店……⑤120
マンチェスター、ワッツ氏の布地・雑貨ウェアハウス……②203
マンチェスターのメンデル氏のウェアハウス……②207〜209

商店街

ストックホルムの商店街……④186（挿絵）
チェスター市の新しい高架商店街……②423
パリ、パレ・ロワイアル内の商店街……③35
パリのアーケード商店街……③35, 36（挿絵）, 37

消防

サンクト・ペテルブルグの消防……④56
シカゴの化学消防……①182, 183
ベルリンの消防……③396
ボストンの消防……①403, 404
リヴァプールの消防……②127
ワシントンの消防……①228

食品

グラスゴー、ウォーカー製糖工場……②224〜227
サンフランシスコの葡萄酒醸造所、コルクの話……①89
ストックホルム郊外のチーズ工場……④210
チェシャー州、マーガドロイド氏の製塩工場……②420, 421
糖蜜から精製糖までの工程……②224〜227
バートン・アポン・トレント、オールソップ氏のビール醸造所……②375〜380
パリのチョコレート工場……③145
ビールの醸造、麦芽から発酵、貯蔵まで……②377〜380
ビスケットの自動オーブン……②431
ベルリンのソーダ水製造工場……③377, 378
薬用ソーダ水の処方……③377, 378
レディングのハントリー・アンド・パルマーズ・ビスケット工場……②427, 428（挿絵）, 429〜432

植物園

ウードワード公園内の植物園……①73〜75
ブラッセルの植物園……③197

水上交通

イスパニアの水上交通……⑤136, 137
イタリアの水上交通……④292
ヴェネチアのゴンドラ……④391, 392（挿絵）
オハイオ川の水上交通……①189
サンフランシスコ〜オークランド間のフェリー……①80
ジャージーシティ〜ニューヨーク間のフェリー

……①276, 277（挿絵）, 278
スエーデンの水上交通 ……④175
ドーヴァー～カレー間の連絡船 ……③23
ニューヨーク～ブルックリン間のフェリー ……①380（挿絵）
ニューヨーク～ロードアイランド間の定期船 ……①395
ミシシッピ川の水上交通 ……①176
ミズーリ川の水上交通……①171, 172
ロッテルダム・ロンドン定期船航路 ……③265

水族館

ウンター・デン・リンデンの水族館 ……③350, 351
クリスタルパレスの水族館……②114
ブライトンの水族館 ……②63, 64

水道

香港の水道 ……⑤363

水道（上水道）

グラスゴー市の上水道取水口 ……②278, 279
サンフランシスコの上水道 ……①97
シカゴの上水道 ……①181, 182
ジュネーヴ市の上水揚水場 ……⑤96, 98
ニューヨークの上水道 ……①283
フィラデルフィアの上水道……①365
ポートサイドの上水道 ……⑤279
ボストンの上水道 ……①412

水道（下水道）

パリの下水道 ……③107, 108
パリ下水道入り口の公園 ……③109（挿絵）
ロンドンの下水堰 ……②435

水力

アームストロング氏の水力アキュムレーター ……②298, 299

税関

ヴェルジボロヴォ駅の税関 ……④26, 27
ロンドン税関 ……②46（挿絵）

製紙

ヴァレイ・フィールド村コーワン氏の製紙工場……②246～250
サンクト・ペテルブルグ紙幣印刷局の抄紙工程 ……④78～81
抄紙工程で透かしを入れる方法 ……④79, 80
ロール紙とシート紙の製紙工程 ……②246～250

政治

アメリカの政治総論……①37～39
アメリカの政党と選挙 …①346～350
イギリスの中央政治と地方政治 ……②220, 222
イギリスの立法府の構成と機能、首相と行政府、政党……②76, 78～86
イスパニアの政争……⑤131～133
オーストリアの政体 ……④444, 445
オランダの政治 ……③240, 241
合衆国政府……①203, 204
コロンビア特別区……①203～205
ジュネーヴ州の州政 ……⑤100～102
スイス、ジュネーヴ州の州政 ……⑤100～102

さ

スイスの政治形態 ……………⑤42～44
スエーデンの政体 …………④172, 173
ティエール大統領 ………………③52, 53
デンマークの政治…………④146～147
ドイツ皇帝の権限と帝位 ………③354
ドイツ連邦政府、国会と行政府
……………………………③355, 357, 358
ハンブルグ自由市の政治 ………④129
ビスマルクの人となりと威名
……………………………………③368, 369
プロイセン国会開会式 …………③355
ベルギーの憲法・立法府・行政府
……………………………………③180～182
ポルトガルの政治 …………………⑤143
ヨーロッパ政治史の中のカトリック
と法王 ……………………④326～329
ロシアの国家評議会・大審院・宗務
院 ……………………………………④51
ロシアの政治・皇帝専制…………④51
政治と宗教
ヨーロッパの政治と宗教、新旧両派
対立の影響…………………④326～329
聖書
聖書協会 ……………………………①383
聖書と宗教比較論…………①384～388
聖人
聖ペテロ ……………………………④352
政庁
ジュネーヴ州政庁 …………………⑤100
ストックホルムのスエーデン政庁
……………………………④189（挿絵）
ロシア政庁 ……………④51, 52（挿絵）
製鉄所
エッセン、クルップ製鉄所
……………………………………③327～332
グラスゴーの製鉄所 ………………②215
コルピノ製鉄所、イジョーラ工場
……………………………………④85～88
サンクト・ペテルブルグ、オブホフ
氏の製鉄所 …………………④104, 105
シェフィールドのヴィッカース製鉄
所 …………………………②366～369
シェフィールドのキャメル製鉄所
……………………………………②347～359
ストックホルムのボリンデル製鉄所
…………………④205, 206（挿絵）, 207
ニューキャッスルのアームストロン
グ製鉄所 …………………②298～303
マルシェーヌ・オー・ランドリーの
ブロヴィデンス製鉄所 ………③220
マンチェスターのウィットウォース
製鉄所 ……………………②177～182
モアビットの製鉄所 ………………③398
ロシア海軍省管轄下のコルピノ製鉄
所イジョーラ工場…………④85～88
石炭
移動炉床による石炭燃焼
……………………………………②299, 300
石鹼
化粧石鹼の製造……………………③172
繊維
アルパカ毛の紡績 …………②332, 333
ウール織物起毛用カードの製造
……………………………………………②340
ウール紋織 …………………………②339
絹ビロード織機

……②337, 338, ⑤116, 117
絹糸の染色……⑤117
生糸の検査……⑤115
クズ繭からの紡績……②335～337
ゴブラン織の工程……③141～143
ジャカード織機……①411, 412
ジャカード織機のカード作製……②383, 384
テキスタイル・プリント技術……①409, 410
テキスタイル・プリント原版の作製……①408, 409
紡織業総論……②14, 15
綿プリントの染色工程…②192～194
綿糸の染色……②196～198
綿織物工程……②198～200
綿紡績における諸機械……②176, 177
羊毛紡織、ラシャ製造工程……②293～295
ローウェル町の羊毛紡織と製絨……①411, 412
ローレンス市の綿紡織と染色……①407～411

繊維工場

エルブーフ市のラシャ工業……③155～157
ガラシールズの毛紡績・織物工場……②289～295
ガン市、ハンプティン氏の綿紡織工場……③199, 200
ガン市のラリス・リネン工場……③201, 202
コヴェントリーのキャッシュ綿レース工場……②382, 383
コヴェントリーのスティーブン絹織物工場……②383, 384
サンフランシスコ、ミッション毛織物工場……①73
ストックホルム郊外のラシャ工場……④199
ソールテア、タイタス氏のアルパカ紡織工場……②329, 330（挿絵）, 331～333
ハリファックスのディーン・クロー毛織物工場……②339, 340
パリ郊外ゴブラン織の工場……③141～143
マニンガム村、リスター氏の絹紡織工場……②333～338
マンチェスターの綿プリント工場……②192～194
マンチェスターの綿織物工場……②196～200
マンチェスターの綿紡績工場……②176, 177
リヨンの絹織物工房……⑤116, 117
リヨンの染糸工場……⑤117

戦跡

ナポレオン戦争旧跡の感慨……④104
ワーテルローの戦い……③226, 227, 228（挿絵）, 229, 230（挿絵）, 231

戦争

イギリス海軍のスペイン無敵艦隊撃破……②68
クリミア戦争……②69

さ

スペイン継承戦争における英国海軍の活躍 ……②68, 69
ナポレオン戦争における英国海軍の活躍 ……②69
南北戦争 ……①232
南北戦争と財政 ……①345, 346
南北戦争の農業への影響 ……①198
南北戦争と平和音楽祭 ……①323
南北戦争とメモリアルデー ……①269
ワーテルローの戦闘状況 ……③227, 229, 231

専門学校
コペンハーゲンの芸術学校 ……④163
サウスシールズの水夫養成学校 ……②324
セーブルの国立高等陶磁器学校 ……③87
チューリッヒのポリテクニック・スクール ……⑤56
パドゥアの養蚕技術学校 ……④386～389
パリの建築学校 ……③127, 128
パリの鉱山学校 ……③11, 128, 130
ベルリンのフリードリッヒ・ウィルヘルム大学 ……③394（挿絵）
リヴァプールの三つの商船学校 ……②154～156

倉庫
パシフィック・メイルラインの倉庫 ……①94
リヴァプールのタバコ倉庫 ……②139, 140

造船
乾ドック ……②138, 139
スエーデンの海軍工廠 ……④192
造船・その分業と計画性 ……②152～154
造船用部材の製造 ……②151

造船所
アメリカの七大造船所 ……①254
グラスゴー、ケヤード氏の造船所 ……②223, 224
サンフランシスコ、メヤ島の海軍造船所 ……①77
上海の造船所 ……⑤374, 375
ストックホルムのベルグサンド造船所 ……④199, 201
デンマーク海軍の造船所、装甲砲艦、水路部、ドック ……④159, 160（挿絵）, 161
フィラデルフィアの海軍造船所 ……①374
ポーツマス軍港の造船所 ……②66, 67
ポトマック川のアメリカ海軍造船所 ……①246, 253
メヤ島の海軍造船所 ……①77
リヴァプールの造船所 …②145～152
ロッテルダムの造船所 …③259～263

造幣局
サンクト・ペテルブルグの造幣局 ……④68
バーミンガムのコイン・ミンティング工場 ……②403
フィラデルフィアのコイン・ミンティング工場 ……①361
フィラデルフィアの造幣局

…①361～364
フランスの造幣局…③65, 66
プロイセンの造幣局のコイン・ミンティング…③387, 388
ベルリンの造幣局…③387
ワシントンの造幣局…①251（挿絵）, 252, 253

た行

大学
エディンバラの大学…②238
オークランドの大学…①91～93
グラスゴーの大学…②222
チューリッヒ市の大学…⑤53, 54（挿絵）, 55, 56
ニューヨークの大学…①394
ベルリンのフリードリッヒ・ウィルヘルム大学…③394（挿絵）, 395, 396
ボストンの大学…①402
ライデン大学…③271～273
炭鉱
アームストロング氏のゴスフォース炭鉱…②303, 304
炭鉱のケージ…②303
炭鉱鉱脈図…②303, 304
地方行政
ガラシールズ町役場…②295
カリフォルニア州の議会…①115, 116
ユタ準州の役所…①143
地方庁舎
コヴェントリー市庁舎…②386, 387
シカゴ市庁舎…①184（挿絵）
ソルトレイクシティ市庁舎…①144（挿絵）
バーミンガム市庁舎内教会堂…②403
ハリファックス市の庁舎…②341
マサチューセッツ州庁舎…①401（挿絵）
マンチェスター市の庁舎…②202, 203, 206（挿絵）
リヴァプール市のタウン・ホール…②126, 127
貯水池
アデンの貯水池…⑤305
通信
エアシューターによる通信…②107, ③386, 387
簡易書簡…③378
点字書字器…③166
フランスの通信事情…③9
鉄加工
シェフィールドのロッジャーズ刃物製造所…②365, 366
スチールペン先の自動製造工程…②396
バーミンガム、コーンフォース釘製造工場…②398
バーミンガム、ヒンクス・アンド・ウェルズ社のペン先製造工場…②396, 397
バーミンガム、針製造工場

……②395, 396
針の自動製造工程 ……③225, 226
釘の自動製造工程 ……②398
ブラッセルのブリキ器具工場 ……③224
ブラッセルの針製造工場 ……③225, 226
プロヴィデンスの鉄針工場……①414

鉄工

圧延機 ……②159, 160, ③328
鋳型の製造 ……②182
甲鈑の圧延……②349, 350
巨大な鎖の製造技術……④87
クルップの揺動ベッセマー転炉 ……③328
鋼材のロット生産 ……②348
鋼材の張力テスト ……②181
高炉製鉄 ……②301, 302
スチームハンマー ……②160, 181, 302, 368, ③328, 329, ④104
スプリングの製造 ……②358, 359
帯鋼巻付け鍛造による砲身の製造 ……②300, 301
鋳鋼 ……②348, 349
鋳鉄のノウハウ ……②178, 179
鉄加工機械各種……②179
鉄工所における工作機械各種、重量物運搬装置各種の使用 ……②161, 162
鉄道車輪の製造 ……②357, 358, 368
プレス機 ……②160
ベッセマー転炉 ……②158, 159, 350, 351（説明図）, 352
木炭火力による製鉄 ……④207
るつぼの製造 ……②367
鍛鉄の品質テスト ……②355, 356

鉄工所

グラスゴーのヒギンボサム社の機械工場 ……②215
パリ、ワリコレー氏の鉄工所 ……③84, 85
リエージュのコックリル鉄工所 ……③209, 210

鉄製品

鉄製品の寸法国際規格 ……②179

鉄道

アメリカの鉄道 ……①46
イギリスの鉄道 ……②6
イスパニアの鉄道 ……⑤137
イタリアの鉄道 ……④292, 382, 384
オーストリアの鉄道……④418
オランダの鉄道……③248
オランダの鉄道の路床 ……③257
スイス、リギ山のアプト式登山鉄道 ……⑤79, 80（挿絵）, 81, 82
スエーデンの鉄道 ……④175
スエーデンの特別列車……④183, 184
ニューヨークの高架鉄道 ……①278
パリ・ブラッセル間の特別列車 ……③194
フランスの鉄道……③8, 9
プロイセンの鉄道 ……③304
ベルギーの鉄道 ……③182～185
リヨンの鉄道 ……⑤116
ロシアの鉄道 ……④9, 10

ロシア政府特別仕立ての客車 …④27
ロンドンの高架鉄道……②41
ロンドンの地下鉄道……②41
ワシントンの路面鉄道 …①211〜213

鉄道駅

リヴァプールのノース・ウェスタン駅……②157（挿絵）
ロンドンのチャリング・クロス駅……②40（挿絵）

鉄道路線

アペニン山脈越えの鉄道……④381, 382
イタリアからオーストリアへの鉄道……④429〜433, 434（挿絵）, 435, 436（挿絵）, 437
カリフォルニア・太平洋鉄道……①110
カレー・パリ間の鉄道……③24
シカゴ鉄道……①171
スイスの鉄道……⑤46, 47
セントラル・パシフィック鉄道……①79, 116, 118, 152
チェスター・ロンドン間の郵便急行列車……②424
ニューヨーク・セントラル鉄道……①294
ハンブルグ港の鉄道……④135
ユタ・セントラル鉄道……①140
ユニオン・パシフィック鉄道……①140, 152, 166
リヴァプール・マンチェスター間の鉄道……②167
リヴァプール・ロンドン間の鉄道……②34, 35, 122, 123

電気

電気の発見と利用技術 …①240〜243
ベルリン、ジーメンス電気機器製造工場……③359, 360

電信

ウェスターン・ユニオン電信会社……①393, 394
シカゴの電線……①184（挿絵）, 185
スイスの電信と郵便……⑤50
デンマークのグレート・ノーザン電信会社……④158

電信局

サンフランシスコの電信局……①83
ベルリンの電信局……③386, 387
ロンドンの中央電信局……②106, 107

天文台

ジョージタウン天文台……①250
ニューキャッスルの天文台……②326
パリ天文台……③148〜150
ベルリン新市域の天文台……③380, 381
望遠鏡の分光反射鏡……③380

陶磁器

ウースター近郊、ロイヤル・ポースレーン陶磁器工場……②405
薄手磁器の型取り……③92
釉薬と火度……③89〜91
絵付けと焼成……②412, 413
ガス火力による陶器焼成窯……③367
磁器の成型法……②410, 411
焼成と仕上げ……③93, 94
新開発の陶磁器焼成窯……④312

た

ストーク・オン・トレントのミントン社陶磁器工場……②409〜414
水抜法による磁土の精製……②409, 410
陶土の水抜き圧搾機……③366
パリ郊外、セーブルの陶磁器工場……③87〜96
フィレンツェの陶磁器工場……④311, 312
ベルリンの陶器工場……③365〜368

灯台

灯台用のガラス……②392
ヘル・ロックとメイ島の灯台……②252〜254
マルセイユ港の灯台…④119（挿絵）

動物園

アムステルダム動物園……③291, 292
ウードワード公園内の動物園……①73〜75
ティーアガルテンの動物園……③348, 349
パリ郊外の動物園……③170
ハンブルグの動物園……④133, 135
フランクフルトの動物園……④251
リーゼント・パークの動物園……②70, 71

道路

アメリカの道路……①45
イスパニアの道路事情……⑤137
ウィーンの道路築造法……④441
サンフランシスコの道路…①95〜97
シカゴの道路……①185
ナポリの乱雑な道路……④368
パリの道路計画と舗装、シャンゼリゼの美観……③29, 31, 32（挿絵）
フランスの道路……③8
ミュンヘン郊外のプロムナード……④273
ワシントンの道路とその舗装……①207〜209

時計

コヴェントリー市のローゼラム時計工場……②385, 386
ジュネーヴのパテック・フィリップ社時計工場……⑤98, 99
時計の誤差検査……⑤99
時計の歯車切削……⑤98, 99
時計歯車の温度補償装置……⑤99

都市設備

サンフランシスコの都市設備…①97

図書館

ヴェネツィアの文書館……④395〜398, 400
サンクト・ペテルブルグの図書館……④82, 83
ニューヨークのアスター図書館……①382
ビブリオテーク・ナショナール……③58〜60
フィラデルフィアの図書館……①360
ベルン市の博物館と付属図書室……⑤91

土地・国土

アメリカの開拓事情と土地政策ならびに産業……①191〜198, 261〜265
アメリカの国土と地形……①39〜44

イギリスの国土・領域…………②3〜5
イスパニア王国の領域……⑤126, 127
イタリアの国土 ………④287, 288, 290
オーストリア帝国を構成する諸地域と人種…………………④410〜417, 463
オランダの国土と自然 …………③238
スイスの国土…………………………⑤41, 43
スエーデンの国土 …………④170, 171
地質図 …………………………………③130
デンマークの国土 …………………④143
ドイツ、プロイセンの領域…………………………………③295, 296
フランスの国土・領域 …………③3, 4
プロイセン王国を構成する諸地域…………………………………③301〜303
ベルギーの国土と自然 …………③178
ポルトガル王国の領域 …………⑤142
ロシアの国土・領域 ………④3, 4, 6, 8

特許

パテント・オフィス（特許登録事務所）……………①236, 237（挿絵）, 238

土木・建築

クリスタルパレス、鉄骨と全面ガラスによる建築物 …………………②113
コンクリート・ブロックの製造と防波堤の構築 …………………③289, 290
ダイビング・ベル …………②252, 253
鉄管を用いた橋脚基礎……①165, 166
鉄管基礎による新架橋技術、石橋の架橋技術 ……………………②309〜311

取引所

グラスゴーの取引所 ………………②216
ニューキャッスルの取引所……②309
フランスの国立取引所・ブールス…………………………………③36（挿絵）
マンチェスターの取引所 ………②207
リヴァプールの商品取引所…………………………………②126, 127

奴隷制

奴隷解放記念日………………………①246

トンネル

シカゴの河底トンネル …………①183
ロンドンの河底トンネル…………………………②36（挿絵）, 38

な 行

日本関係

日本の戦国大名と遣欧使節……④398

農業

アメリカのトウモロコシ栽培…………………………………①173, 174
アメリカの農業・牧畜 ……①48〜50
アメリカの農業振興局と農業政策・技術 …………………………①258, 259
アメリカの農業政策 ……①260〜265
イギリスの農業 …………………②8〜11
イスパニアの農業・牧畜…………………………………⑤138, 139
イタリアの農業・牧畜 …④293〜295
オーストリアの農業 ………④418, 419
オランダの農業・牧畜 …③244〜246
スイスの農林業・牧畜 ……………⑤47
スエーデンの農業・漁業…………………………………④175〜178

デンマークの農業 ……⑤148, 149
ドイツの農耕 ……③323, 324
農産物・農業機械の展示 ……⑤34〜36
肥料としての鉱物 ……④98, 99
フランスの農業 ……③10〜12
プロイセンならびにドイツの農林・牧畜業 ……③305〜309
ベルギーの農業・牧畜 …③185〜188
ポルトガルの農業・牧畜 ……⑤145
ロシアの土壌と農林・牧畜業 ……④10〜13

農業振興

アメリカの農業振興局と農業政策・技術 ……①258, 259
イギリスの農業振興局と農業政策 ……②438〜441

農産物

アメリカ南部の農産物概論 ……①340〜342
フランス植民地の農産物 ……③146, 147

農奴制

ロシアの農奴制とその解放 ……④29〜31

商店

アムステルダム・クリスタルパレスの売店 ……③285
ウィーン万博会場の売店 ……⑤38, 39
クリスタルパレスの売店 ……②113, 114

は行

博物館

アントウェルペンの博物館 ……③233, 234
ウィーンの兵器博物館 …④451〜454
ウィーン郊外の兵器博物館 ……④451〜455
ウードワード公園内の博物館 ……①73〜75
エディンバラの産業博物館 ……②238
クリスタルパレス（アムステルダム）……③284（挿絵), 285, 286
クリスタルパレス（ロンドン） ……②112〜115
コペンハーゲンの民族学博物館 ……④156, 157
コンセルヴァトアールの各種機械の展示場 ……③62〜64
鉱山学校付属博物館 ……④98〜100, 101（挿絵), 102
サウス・ケンジントンの産業博物館 ……②55, 56（挿絵), 57, 58
サンクト・ペテルブルグの農業博物館 ……④51, 53〜56
ジュネーヴの武器博物館 ……⑤103
ジュネーヴの武器博物館 ……⑤103
スエーデンの王立科学アカデミーの博物館 ……④188, 190
スカンディナビア博物館 ……④193, 194, 195（挿絵), 196
ソルトレイクシティの博物館 ……①146

は

ナイアガラフォールズ、カナダ側の博物館……①313
ナポリのムゼオ・ボルボニコ……④370〜372
ハーグ博物館……③274, 275
ビブリオテーク・ナショナールと付属博物館……③58〜60
ピョートル大帝旧居の展示……④70
フィレンツェの考古学博物館……④308
ブリティッシュ・ミュージアム……②116〜118
ベルリン博物館……③363〜365
ベルン市の博物館と付属図書室……⑤91
マルセイユの元離宮を利用した博物館……⑤121
ムラーノ島のガラス博物館……④400, 401
モンビジュー城のフリードリッヒ一世遺品展示……③376, 377
ライデンの考古学博物館……③273
ライデンの民族学博物館、シーボルト・コレクション……③273, 274
リヴァプールの博物館……②145
ワシントンのパテント・オフィスの展示……①236, 237（挿絵）, 238

橋・橋梁

アムステルダムの跳ね橋……③284（挿絵）
ウェストミンスター橋……②77（挿絵）
エルブーフの吊橋……③155
オークランドの桟橋……①79
グリーン川の橋……①159
シカゴの鉄橋……①181
スイス、フライブルグ市の吊橋……⑤93
ストックホルムの橋…④195（挿絵）
セーヌ川と橋……③37
ナイアガラの吊橋……①304（挿絵）, 310（挿絵）, 311, 312
ニューヨーク、イーストリバーの桟橋……①281
ネヴァ川のニコライ橋……④102
ネヴァ川の仮橋と船橋……④63, 64
バンキン・ブリッジ……①153（挿絵）, 154
ハンブルグ、アルステル川の鉄橋……④226
ビーバー滝橋……①190
フィレンツェのポンテ・ヴェッキオ……④303（挿絵）, 307
ブラックフライヤーズ橋……②77（挿絵）
ベルリンの橋……③339
ポトマック川の橋……①205, 206（挿絵）
マース川の鉄橋……③252
ミシシッピ川の橋……①175
ミズーリ川の橋……①165
モノンガヒラ川の橋……①190
リヴァプールの浮き桟橋……②147（挿絵）
ローマ、ティベーレ川のポンテ・サ

は

ンタンジェロ …④331（挿絵）, 334
ロッテルダムの運河の橋 ………③259
ロンドンのテームズ川諸橋
……………………②38, 39, 41
ロンドン橋 ………………②36（挿絵）

馬車

サンクト・ペテルブルグの馬車
……………………………④40
サンフランシスコのキンボール馬車製造所……………………①71
ニューヨークの乗合馬車
……………………①278, 279
フランクフルトの馬車鉄道……④251
ロンドンの小型馬車カブ…………②42
ロンドンの乗合馬車 …………②42, 43

繁華街

ハンブルグのアルスター池前繁華街
……………………………④132
ボストンの繁華街 ……②401（挿絵）

万国博覧会

アメリカの展示 …………………⑤12, 13
意義と歴史 …………⑤4, 5（挿絵）, 6, 7
イギリスとその植民地の展示
……………………………⑤13～15
イタリアの展示 …………………⑤17, 18
ウィーン万国博覧会の会場 ……………
⑤5（挿絵）, 8～12, 37（挿絵）
ウィーン万国博覧会の組織……⑤7, 8
エジプトの展示 ……………………⑤28
オーストリアの展示…………⑤23～25
オランダの展示 ……………………⑤19
ギリシャの展示 ……………………⑤28
中国の展示 …………………………⑤28
スイスの展示…………………⑤16, 17
スエーデンとノルウェーの展示
……………………………⑤27
デンマークの展示 …………………⑤27
庭園と売店 ………⑤37（挿絵）, 38, 39
ドイツ連邦の展示 …………⑤21～23
日本の展示 ……………………⑤28, 29
ハンガリーの展示 ……………⑤25, 26
ブラジルの展示 ……………………⑤13
フランスの展示 ……………⑤15, 16
ベルギーの展示 ……………⑤18, 19
ペルシャの展示 ……………………⑤28
ルーマニアの展示 …………………⑤28
ロシアの展示…………………⑤26, 27

皮革加工

サンクト・ペテルブルグの軍靴製造工場 ……………………………④97
サンフランシスコの馬具製造所
……………………………①94
ボストンの製靴工場 ………………①414

美術館

アムステルダム美術館の名画コレクション ……………………………③283
ヴァチカン美術館 …………④342, 343
ウードワード公園内の美術館
……………………………①73～75
ヴェネツィアの絵画館……④402, 403
王宮内宝庫（エルミタージュ美術館）……………………④57～59, 61
コペンハーゲンの美術館 ………④158
ハーグ美術館 ………………………③275
フィレンツェのピッティ王宮美術館
…………………………④307, 308

は

フィレンツェのウフィツイ美術館
……④305～307
ブラッセルの美術館……③197
ベルリンの美術館……③368
ポツダム離宮の美術館……③404
ミュンヘンの美術館……④269, 271
ローマのカピトリーヌ美術館
……④352

百貨店

ニューヨークの百貨店
……①389, 390（挿絵）, 394

病院

イタリア軍の病院とその水浴療法
……④349, 350
グリニッジの海軍病院
……②435, 436（挿絵）, 437
サンクト・ペテルブルグ医学校付属病院……④103, 104
ストックトンの精神病院……①113
ストックホルム近郊の病院
……④200（挿絵）
ニューヨークの障害者のための病院
……①388, 389
フランス軍の病院……③120
ベルリンの王立病院とその新病棟
……③360～363
ワシントンの精神病院……①272

広場

ヴェネツィアのサン・マルコ広場
……④394（挿絵）, 395
コペンハーゲンのコンゲンス・ニトロフ広場……④162（挿絵）
パリのコンコルド広場
……③29, 30（挿絵）, 31
パリのエトワール広場……③25
パリの公園・広場……③38

風景・景観

アラビア海のトビウオ……⑤307
ヴェスヴィオの裾野風景……④378
海から望むコペンハーゲン風景
……④152（挿絵）, 164
麗な長崎の山々……⑤376
エトナ遠望……⑤273
オーロラを見る……①413
カールという海鳥……①32
芸備海峡の秀景……⑤377
コーチ海岸風景……⑤358
紅海の風景……⑤295, 296
氷に閉ざされたネヴァ川……④63, 64
ザクセン山中の風景…④245（挿絵）
サン・ジェルマン……③58
サンフランシスコのゴールデンゲートに入る……①65～67
シティのにぎわい……②45, 46
シャデイ・ラン付近の眺望とサミット越え
……①125～127, 128（挿絵）, 129
シンガポールの島々……⑤347
スエズ運河の風景……
⑤280, 289, 290（挿絵）, 291, 292
スマトラ島の山々……⑤335, 336
セイロンの山々……⑤328, 329
セーヌ川とシテ島、サン・ルイ島
……③37
セントラル・パシフィック鉄道、ケープ・ホーンの眺望

は

……①116, 117（挿絵）, 118
大火後のシカゴ市街 ……①180, 181
チェサピーク湾の風致 ……①200
冬宮前広場の印象 ……④50, 51
ナポリ湾 ……⑤270, 271
ノース・プラット川の暮色 ……①162, 163
バイエルンの平野からスイスへ ……⑤51
ハドソン川とニューヨークの繁華 ……①278～280
ハルツ山中のプランキン城 ……④241（挿絵）
ハンブルグの花街 ……④133
ハンブルグの港湾風景 ……④134（挿絵）, 135, 136
ハンブルグの春光 ……④130, 131
ハンボルトの荒野 ……①131, 132
春酣のハンブルグ ……④219
ピッツバーグ市のスカイライン ……①190
フィン島の風景 ……④214
フォンテーヌブロー帰路の大雨 ……③126, 127
ブライアン駅付近からクレストンにかけての高原 ……①159, 160
ベルリン街頭の印象 ……③341, 342
香港沖の島々 ……⑤362, 363
マルセイユの海岸と港の風景 ……⑤121, 122, 123（挿絵）
マルセイユ湾 ……⑤263, 264
メッシナ遠望 ……⑤272
夕立の中のアメリカ軽砲隊の演習 ……①291
揚子江口の風景 ……⑤370, 371, 375, 376
ランブリング渓谷 ……②266, 267
リヴァプールの煤煙のすさまじさ ……②125
ルツェルン～ゾフィンゲン間の風景 ……⑤84
レマン湖の風景 ……⑤104, 105
ローヌ川沿いの風景 ……⑤110
ロシアを去るにあたるプスコフ夜景の感懐 ……④107
ロンドンの繁華と繁忙 ……②41～43
ワサッチ村付近の夜景 ……①155

風景・景観（車窓から）

インスブルック～パドゥア間列車の車窓から見る風景 ……④279～283, 284～286
ヴィツナウ村～登山鉄道～リギ山頂の風景 ……⑤79, 80（挿絵）, 81, 82, 83（挿絵）
ヴェネチア～ウィーン間列車の旅と車窓風景、セメリングの絶景 ……④403, 430～433, 434（挿絵）, 435, 436（挿絵）, 437
カレー～パリ間列車の車窓風景 ……③24
チューリッヒ～ベルン間列車の車窓風景 ……⑤56, 57
ハーグ～アムステルダム間列車の車窓風景 ……③279
パース～ブレア・アソール間列車の車窓風景 ……②259

は

ハノーヴァー〜フランクフルト間の車窓から見るドイツの春野……④226〜228, 231, 232, 234
フィレンツェからローマへ、朝の車窓風景……④323
フランクフルト—ミュンヘン間列車の車窓から見る風景……④259〜262, 266, 268
ベルン〜フライブルグ〜レマン湖畔間列車の車窓風景……⑤91, 92（挿絵）, 93, 94（挿絵）, 95
ボーデン湖畔〜チューリッヒ間の車窓風景……⑤52, 53
マンチェスター・グラスゴー間列車の車窓風景……②211, 212
リヴァプール〜ロンドン間列車の車窓風景……②34, 35
列車の車窓から見るオランダの低湿地風景……③251, 252
列車の車窓から見るスエーデンの風景……④183〜185
列車の車窓から見るデンマークの田園……④151
列車の車窓から見るメクレンブルグの風景……④125
列車の車窓から見るロシアの荒野……④27〜29
列車の車窓から見るロシアの僻村……④33, 34
ローマ・ヴェネチア間の車窓風景……④381, 382, 389
ロンドン〜リヴァプール間列車の車窓風景……②122, 123

風景・景観（定期船から）
マルメ〜リューベック間定期船からの海景……④212
ローザンヌ〜ジュネーヴ間定期船からの風景……⑤95

福祉施設
サンクト・ペテルブルグの育嬰院……④89〜92
パレリのモン・ドゥ・ピエテ（公益質屋）……③66, 68〜71
ミュンヘンの育児院……④273
ロンドンの生活扶助施設……②51
ワシントンのソルジャーズ・ホーム……①228, 229

服飾
ウィーンの軍服製造所……④455, 456
サンクト・ペテルブルグの軍服縫製工場……④96, 97
バーミンガム、アストン氏のボタン製造所……②397, 398
パリの模造宝石製造工場……③46
ボストンの衣服縫製工場……①414

文明史
パリ文明の発展史とその影響……③41, 43〜45
ヨーロッパ文明の起源、ローマ……④358〜360
ローマ文明小史……④317〜323

兵営
イタリア騎兵、砲兵の兵営……④349
イタリア歩兵の兵営……④348, 349
ヴァンセンヌの兵営……③116, 117
ベル・アリアンスの騎兵兵営

は

……③382
ベルリンのフランツ兵営……③381, 382
ポツダム城の兵営……③406
兵学校
アナポリス海軍兵学校……①265, 266
オークランドの小学校、私立兵学校、盲聾唖学校、大学……①91～93
兵器
アームストロングの後装砲……②300
アームストロング氏の鍛造砲身……②300
ウィットウォースの大砲製造……②179～182
ガットリング砲のこと……①290, ②301
ガットリング砲の発射実験……②301
火器の発展と戦術の変化……③100, 101
回転砲塔を備えた砲艦……②66, 67
クライユル砲……③117
鋼鉄砲と青銅砲……③113
ジーメンス社による水雷遠隔爆破装置の開発……③359, 360
小銃のテスト装置……①330
新発明の焼夷弾……③175
大砲の鋳造……②180, 366, 367
プロイセン軍の兵器……③331, 332
ベルリンの兵器庫……③373～375
兵器庫の意義……③375, 376
砲弾の新型信管……④455
兵器工場
ウィーン郊外の兵器廠…④451～454
ウリッジ造兵廠……②89, 90（挿絵）, 91
クルップの大砲工場……③327～331
サンクト・ペテルブルグのオブホフ兵器工場……④104, 105
サンクト・ペテルブルグの兵器工場……④71, 73
スエーデンの海軍工廠と砲塔艦、海軍……④192
スプリングフィールド兵器工場・武器庫……①330, 331
兵器製造
アームストロング社の大砲製造工場……②298～301
ウィーンの兵器・弾薬工場……④454, 455
ウィットウォース社の大砲製造工場……②177～182
クルップの大砲製造工場……③327～331
サンクト・ペテルブルグのオブホフ兵器工場……④104, 105
サンクト・ペテルブルグの兵器工場……④71, 73
バーミンガムの軍用銃製造工場……②403, 404
パリ、サン・クルーのムソー薬莢工場……③175
ロンドンの軍艦機関製造工場……②437
ペン先
ペン先の製造技術……②396, 397
貿易

は

アメリカの貿易……①54～56
イギリスの貿易と商業……②16～21, 441～443
イスパニアの貿易……⑤140, 141
イタリアの貿易……④296, 297
オーストリアの貿易……④420～422
オランダの貿易……③247～249
サンクト・ペテルブルグの産物と輸送……④40, 41
スイスの貿易……⑤49
スエーデンの貿易……④179, 180
スカンディナビアの海運と造船……④180, 181
デンマークの貿易……④149, 150
フランスの貿易と商業……③14～17
プロイセンならびにドイツの貿易……③313～315
ベルギーの貿易……③190, 191
ポルトガルの貿易……⑤146
ロシアの貿易と商業……④14～17

砲台

アントウェルペンの砲台と兵器庫……③233
イタリアン・チロルの砲台群……④284
クロンシュタットの砲台……④37
コペンハーゲンの砲台……④153, 161, 164
紅海ペリム島の英軍の砲台……⑤297
サンフランシスコ、ゴールデンゲートの砲台……①67
チロル地方の砲台……④280
マルセイユ港の砲台……⑤265
メッシナ海峡の砲台……⑤272
モン・ヴァレリアン砲台……③111～113

牧畜

アメリカの農業・牧畜……①48～50
イスパニアの農業・牧畜……⑤138, 139
イタリアの農業・牧畜……④293～295
オランダの農業・牧畜……③244～246
スイスの農林業・牧畜……⑤47
フランスの牧畜……③12
プロイセンならびにドイツの農林・牧畜業……③305～309
ベルギーの農業・牧畜……③185～188
ポルトガルの農業・牧畜……⑤145
ロシアの土壌と農林・牧畜業……④10～13

墓地・墓園

アーリントン墓地……①269, 270（挿絵）
ウェスト・ポイントの墓地……①292, 293
ジョージ・タウンの墓地……①339
ナポレオンの墓所・アンヴァリッド……③57（挿絵）
パリの墓地、ペール・ラシェーズ……③76, 77
ワシントン大統領の墓所……①247, 248（挿絵）, 249

ホテル

サラトガ・スプリングスのホテルと避暑……①316, 317（挿絵）, 318
サンフランシスコのグランドホテル

……①70, 71
パリのグランド・ホテル……③42（挿絵）
ベルン市のホテル……⑤58（挿絵）
リギ山上のホテル……⑤83（挿絵）
ローザンヌのホテル……⑤94（挿絵）
ポンプ
トールマッシュ邸の揚水ポンプ……②422, 423

ま行

マッチ
ストックホルムのマッチ製造工場……④203〜205
マッチ製造工程……④203, 204
民族・国民気質
アメリカの民族構成……①56, 57
イギリスの民族構成、イギリス人気質……②21〜23
イスパニアの民族構成とその気質……⑤130, 131
イタリアの民族構成と言語……④297, 298
オーストリアの各領域の人種構成……④411〜416
オーストリア帝国を構成する諸地域と人種……④410〜417, 463
オランダ国民とその気質……③249, 250
黒人問題、黒人学校その他……①229〜233
スイスの民族構成……⑤50
多民族国家オーストリアの構成民族……④422〜424
デンマーク人とその気質……④143, 144
ネイティブアメリカンとその習性そのほか……①132〜135, 136（挿絵）, 137
フランスの民族構成とフランス人気質……③17, 18
プロイセンを構成する民族とその気質……③315
ベルギー国民とその気質……③191
ベルリン市の概況とベルリン市民の気質……③337, 338（挿絵）, 339, 340（挿絵）, 341〜343
ポルトガルの民族構成……⑤146
ロシアの民族構成……④17〜19
北欧三国の人種と気質……④181
盲・聾啞学校
オークランドの小学校、私立兵学校、盲聾啞学校、大学……①91〜93
サンクト・ペテルブルグの聾啞学校……④92, 93
パリの盲学校……③164〜168
パリの聾啞学校……③162, 163
モザイク
フィレンツェのモザイク工房……④308〜310
モザイクの技法……④309, 310
木工所
ストックホルムのリクメン木工所

……④202, 203

や行

郵便制度

ロンドンの中央郵便局と郵便制度……②108〜110, 112

ワシントンの中央郵便局と郵便制度……①255〜258

遊覧

アーサーズ・シート登山……②238, 239

オークランド近郊遊覧……①88, 89

カセルタ離宮遊覧……④364, 365

競馬場とクリフ・ハウス遊覧……①86, 87（挿絵）, 88

サラトガ・スプリングスとサラトガ湖遊覧……①316, 317（挿絵）, 318, 319

サラトガ・スプリングスのホテルとホテルからの眺め…①317（挿絵）

サンフランシスコ郊外サン・ノゼ方面の遊覧……①79〜81

サンフランシスコ郊外サン・ブルーノとベルモントの遊覧……①78, 79

サンフランシスコ湾内の遊覧……①76, 77

ジュネーヴ市の招待によるレマン湖遊覧…⑤104, 105, 106（挿絵）, 107

スコットランドのハイランド旅行、ピトロクリ、トロサクス、ロッホ・ローモンドなど……②259〜274, 275（挿絵）, 276, 277（挿絵）, 278, 279, 280（挿絵）, 281, 282, 283（挿絵）, 284

トールマッシュ氏の邸宅訪問と三日間の滞在……②407, 408（挿絵）, 409〜423

ナイアガラ遊覧……①303, 304（挿絵）, 305〜309, 310（挿絵）, 311〜313

ニューヨークのセントラル・パーク遊覧……①281〜284, 285（挿絵）, 286

ブライトン遊覧……②62〜64

ボストン市の招待によるボストン港クルージング……①327

ポツダムの離宮群巡覧……③399, 400（挿絵）, 401, 402, 403（挿絵）, 404〜406

ポンペイとヘラクレヌム遺跡の遊覧……④373, 374（挿絵）, 375, 376（挿絵）, 377

ローマ市内観光……④329, 330, 331（挿絵）, 332〜334, 335（挿絵）, 336, 337（挿絵）, 338

ローマ市内観光つづき……④342〜345, 346（挿絵）, 347〜352, 354〜356, 357（挿絵）, 358

ロールストン氏の招待でベルモント再度遊覧……①85

ワーテルロー古戦場観光……③226, 227, 228（挿絵）, 229, 230（挿絵）, 231

ワシントン市招待のポトマック川ク

や

ルージングとワシントンの墓詣で
……①246, 247, 248（挿絵）, 249

輸送・運搬

アプト式登山鉄道
……⑤79, 80（挿絵）, 81
観光用エレベーター（ワールプールのゴンドラ装置）
……①309, 310（挿絵）
クレーン……②148
穀物倉庫の運搬機械、エレベーター、ベルトコンベアー、バケットコンベアー……
②131, 132（挿絵）, 133～135
蒸気牽引車……②241, 242
水力による梱包機……②208, 209
石炭の荷役……②139

要塞

カルカッタのウィリアムス要塞
……⑤330
スイス・フランス国境の要塞
……⑤108
バイエルン山中の要塞と砲台
……④268
ペトロパヴロフスク要塞……④64
ベルギーの要塞……③205
マルタ島の要塞……⑤273, 274

養蚕

イタリアの養蚕概説……④313～315
蚕の病気……⑤113～115
健康な蚕卵の選別法……④388, 389
パドゥアの養蚕学校……④386～389
フランスとリヨンの養蚕概説
……⑤111～113
リヨンの生糸検査所……⑤115
ローマ郊外の養蚕所と繭の乾燥
……④350, 351

養殖

ドイツで発明された魚の養殖法
……③292
ニューヨーク湾の牡蠣養殖
……①395～397

ヨーロッパ論（気候と農業）

果樹園・山林経営……⑤201～203
各国の農産収量……⑤191, 192
貿易用作物生産……⑤195, 196
気候条件……⑤188～190
漁業……⑤204, 205
経済活動の三形態……⑤190, 191
醸造業……⑤196～198
食用農産物生産……⑤192～195
繊維原料生産・その他……⑤198～201
繊維産業……⑤218～221
畜産……⑤203, 204
農業経営と農業振興組織
……⑤205～211
平野……⑤170～172

ヨーロッパ論（鉱・工業）

化学工業……⑤227, 228
機械工業……⑤226, 227
工業・技術・労働振興策
……⑤231～235
工芸……⑤229～231
鉱産物と鉱業……⑤213, 214
石材生産……⑤228, 229
石炭利用……⑤214～216
鉄利用……⑤216～218

日用品生産……⑤225, 226
非鉄金属資源と産業……⑤221〜224

ヨーロッパ論（商業）

主貿易品（タバコ）……⑤249
主貿易品（穀類）……⑤248
主貿易品（砂糖）……⑤249
主貿易品（酒類）……⑤248, 249
主貿易品（生糸）……⑤251
主貿易品（茶・コーヒー）……⑤250
主貿易品（麻類）……⑤251
主貿易品（綿花）……⑤250
主貿易品（羊毛）……⑤250, 251
商業を支えるシステム（その他）……⑤258, 259
商業を支えるシステム（マーケット）……⑤254, 255
商業を支えるシステム（運送会社）……⑤255〜256
商業を支えるシステム（取引所）……⑤257, 258
商業を支えるシステム（手形取引）……⑤258
商工会議所のこと……⑤259, 260
生活必需品貿易……⑤252, 253
貿易・流通の拠点……⑤175〜181
貿易の損益について……⑤245〜248
貿易の分類と実態……⑤242〜245
輸送・交易業とその利益……⑤240〜242
流通を支えるもの……⑤237〜239

ヨーロッパ論（政治・社会）

各国の政治形態……⑤164〜166
言語……⑤159〜161
国家形成と王族……⑤157, 158
国家形成と人種……⑤153〜157
宗教……⑤161〜163
政治と法の思想……⑤166〜168
東西の経済思想のちがい……⑤239, 240

ヨーロッパ論（地理と輸送）

河川と湖水……⑤172〜175
山地……⑤169, 170
道路輸送と輸送機関……⑤181〜184
水利用……⑤184〜186

ら行

旅行

スイス中央部の観光旅行……⑤63, 64（挿絵）, 65〜67, 68（挿絵）, 69, 70（挿絵）, 71, 72, 73（挿絵）, 74〜77, 78（挿絵）, 79, 80（挿絵）, 81, 82, 83（挿絵）
ソルトレイクシティ郊外の温泉行……①142

林業

山林保護制度のこと……③234, 235
スイスの農林業・牧畜……⑤47
スコットランドにおける針葉樹植林事業……②265, 266
トスカナのオリーブ……④315
ノルウェーの木材とその加工……④179
プロイセンならびにドイツの農林・牧畜業……③305〜309

ら

ロシアの森林資源とカリ生産……④31～33
ロシアの土壌と農林・牧畜業……④10～13

歴史

アメリカのなりたち……①37～39
アメリカ独立……①38, 370
イギリス小史……②3, 4
イスパニア王国小史……⑤127～129
イタリア連邦小史……④287～290
ウィリアム・テルの画像とスイス独立の話……⑤75
ヴェネチア共和国の滅亡……④391, 392（挿絵）, 393
オランダ小史……③238～240
カリフォルニアの歴史とその将来……①104～110
神聖ローマ皇帝と帝国議会……④251, 252
神聖ローマ帝国小史……④408～410
スイス連邦小史……⑤41～43
スエーデン小史……④171, 172
ストーン・サークル……②267, 268
チロル小史……④278, 279
デンマーク小史……④144～146
ドイツ連邦略史……④116～120
ナポリ王国小史……④368～370
ナポレオン戦争後のオーストリア連邦小史……④443, 444
パリ市の歴史と概況……③28, 29, 30（挿絵）, 31, 32（挿絵）, 33, 34（挿絵）, 35, 36（挿絵）, 37, 38, 39（挿絵）, 40, 41, 42（挿絵）, 43～45
フランス小史……③4, 5
プロイセン王国形成小史……③295～301
ベルギー小史……③178～180
ポルトガル王国小史……⑤142, 143
メリー・スチュワートのこと……②239, 240（挿絵）, 241
ヨーロッパ政治史の中のカトリックと法王……④326～329
ライン同盟諸国小史……④256～258
ローマ法王領小史……④324, 325
ロシア帝国形成小史……④3～6
ロンドン小史……②49, 50
ロンドン塔の悲話……②104（挿絵）, 105～106
ロンバルディア小史……④384, 385

歴史的建築・モニュメント

アレクサンドル記念塔……④50, 51, 52（挿絵）
ヴァチカン宮殿……④332, 343, 344
ウィンザー城……②88（挿絵）, 89
ウェストミンスター教会……②48, 77（挿絵）
ヴェネツィアのサン・マルコ教会……④392（挿絵）, 393, 394（挿絵）
ヴェネツィアのサンタ・マリア教会……④399（挿絵）, 400
ヴェネツィアのパラッツォ・ドゥカーレ……④391, 392（挿絵）, 393
ウェリントン将軍像……②48
ヴェルサイユ宮殿……③54（挿絵）, 104, 105, 106（挿絵）,

107
ヴェロナのコロシアム跡……④285（挿絵）
エカテリーナ二世戦勝記念尖塔……④84（挿絵）
エディンバラのホリルード・ハウス……②239, 240（挿絵）
エディンバラ郊外ロスリン教会……②250, 251（挿絵）
エディンバラ城…②234, 237（挿絵）
カセルタの離宮……④364, 365, 366（挿絵）
カタコウム……④345, 347
カラカラの大浴場……④345, 346（挿絵）
キャピトル……①219, 220（挿絵）, 221, 222
クイーンズ・パレス……③266
グランド・セントラル駅……①389
クリスタルパレス……②111（挿絵）, 112～115
クルップ工場内に保存されたクルップ家旧宅……③329
ケネルワース古城……②388（挿絵）
コヴェントリーのセント・マイケル教会……②386
コペンハーゲンのフレデリック五世騎馬像……④163
コロシアムの印象……④336, 337（挿絵）, 338
コンコルド広場とオベリスク……③30（挿絵）, 31
サチュルヌ神殿の列柱……④335（挿絵）
サン・ジョヴァンニ・イン・ラテラノ聖堂……④356
サン・スーシの大噴水とフリードリッヒ二世の銅像……③400（挿絵）
サン・パオロ・フュオーリ・レ・ミューラ聖堂……④356
サンクト・ペテルブルグのカザンスキー大教会／イサク教会／スモールヌイ・モナストゥイリ……④38
サンタ・マリア・アンティカ教会……④358
サンタンジェロ城……④331（挿絵）, 333
シーザーの宮殿・夏の宮殿……④356, 357（挿絵）, 358
シオン村の古城……⑤92（挿絵）
ジャクソンの銅像……①347
ジュピター・トナンズ神殿……④336
ストーン・サークル……②267, 268
ソルトレイクシティのモルモン大教堂……①143, 144（挿絵）
チュイルリー宮殿……③31, 32（挿絵）, 33
ティテュス門……④335（挿絵）
ナポレオンの墓所のあるアンヴァリッド……③57（挿絵）
ニコライ一世の銅像……④38, 39（挿絵）
バイエルン王宮…④269, 270（挿絵）
バッキンガム宮殿……②48, 74, 75（挿絵）
パリのノートルダム教会

ら

……③56, 57（挿絵）
パリの凱旋門……③25, 26（挿絵）, 27, 28
パリの古い市門……③34（挿絵）, 35, 39（挿絵）
パレ・ロワイアル…③35, 39（挿絵）
ピサの斜塔……④383（挿絵）
ピサの洗礼堂……④383（挿絵）
ピョートル大帝の銅像……④38, 39（挿絵）
フィラデルフィアのインデペンデンス・ホール……①370, 371（挿絵）, 372
フィレンツェのウフィツィ美術館……④305～307
フィレンツェのサンタ・マリア・デル・フィオーレ大聖堂……④302, 304, 305
フィレンツェのパラッツォ・ヴェッキオ……④308
フィレンツェのピッティ宮殿……④307, 308
フィレンツェの洗礼堂……④305
フオールム・ロマーヌム……④336
フォンテーヌブロー宮殿……③124～126
ブラッセルのサン・ミッシェル教会……③198（挿絵）
フランクフルトの連邦旧議事堂・タウンホール……④251
ブランデンブルグ門……③338（挿絵）, 339
プリンス・アルバート像……②48
プロイセン王宮…③354, 356（挿絵）
ブロンズの獅子巨像……③373
ペトロパヴロフスク大聖堂……④65
ヘルクラネウムの遺跡……④377
ベルリンのフリードリッヒ二世の銅像……③340（挿絵）, 354
ベルンの獅子の洞窟のスイス傭兵記念像……⑤84
ボーデン湖畔のライオン石像…⑤51
ポツダムの離宮群（ノイエ・パレス／オレンジ宮／無憂宮／プフィングスベルク／マルモール宮／バベルスベルク）……③399, 400（挿絵）, 401, 402, 403（挿絵）, 404～406
ホリルード・ハウスの印象とメリー・ステュアートのエピソード……②239, 240（挿絵）, 241
ホワイト・ハウス……①213, 218, 219, 220（挿絵）
ホワイト・ハウスとジャクソンの銅像……①220（挿絵）
ポンペイの遺跡……④373, 374（挿絵）, 375, 376（挿絵）, 377
ミュンヘンのアルト・ピナコテーク……④269
ミュンヘンのバイエルン女神像……④272（挿絵）, 273, 274
ミュンヘンの凱旋門……④271
メルローズ・アベイ……②295, 296（挿絵）
リュクサンブール宮殿

…………③129（挿絵），130
ルーヴル宮 …………③33, 34（挿絵）
ローマのコロシアム
…………④336, 337（挿絵），338
ローマのサン・ピエトロ大聖堂
…………④329, 330, 331（挿絵），332
ローマのパンテオン教会 …………④334
ローマの凱旋門…………④344
ローマの大曲馬場跡 …………④348
ローマ時代の牢獄跡 …………④352
ローマ水道のアーチ門
…………④337（挿絵）
ローマ水道橋 …………④354, 355
ロンドンのセントポール教会
…………②47, 77（挿絵）
ロンドン大火の記念塔 …………②47
ロンドン塔 …②104（挿絵），105, 106
ワーテルロー戦勝記念塚と像
…………③227, 229, 230（挿絵），231
ワーリック城
…………②387, 388（挿絵），389
ワシントン大統領旧居と墓所
…………①247, 248（挿絵），249

労働

スエーデンのラシャ工場における懲役労働 …………④199
タイタス氏の労働者福祉事業
…………②331, 332
ナポレオン三世が創始した労働者住宅…………③81～84
ナポレオン三世の労働福祉政策と経済政策 …………③78～81
労働権 …………③80, 81
労働者保護政策…………③82～84

ローマ神

サチュルヌ神殿の列柱
…………④335（挿絵）
ジュピター・トナンズ神殿……④336

ローマ法王

ヨーロッパ政治史の中のカトリックと法王 …………④326～329
ローマ法王と法王領小史
…………④324, 325
ローマ法王の肖像画 …………④344

人名索引

あ行

アートミルソー……②285
アームストロング（ウィリアム・）……②298〜301, 303, 304, 326, 355, ③113
アウイ（ヴァレンタイン・）……③164, 165
アヴェリング……②242
アウグスティヌス……→オヽゴスチニス
アウグストゥス……→オヽゴスチニス
アストン［通訳］……②33, 122, 441, ③22, 23
アストン［ボタン工場主］……②397
アソール……②228, 259, 260, 264, 265
アダムス（サミュエル・）……①38
アドルフ・フリードリッヒ［公］……④124
アドルフ・フリードリッヒ［大公］……④124
アネサン……③194
アバディーン……②86
アペール……③23
アマデオ……⑤126, 129, 133
アメリゴ……①193
アリー……⑤285
アルバート……②48, 59, ④242, ⑤6
アルフレッド［大王］……②49, 68
アルフレッド［ザクセン・コーブルク・ゴータ公国］……④240
アルフレッド［エディンバラ公］……④242
アルブレヒト……③297
アルブレヒト一世……⑤75
アルベルト……③358
アレクサンドル……③358
アレキサンドル……④347
アレクサンダー……①7, ②33, 64, 74, 80, 89, 91, 102, 105, 112, 122, 267, 270, 426, 433, 434, 441, ③22, 23
アレクサンドラ……④145, 155
アレクサンドル一世……④107, 218
アレクサンドル（アレクサンドロヴィッチ・）……④45, 72, 89
アレクサンドル二世……④29, 43, 44, 61, 73, 81, 100, 105, 106, 108, 344, 446
アントニヌス・ピウス……④333
アンドラシイ……④447
アンナ……④44, 218
アンリ……⑤142
アンリ四世……③33
イヴァン三世……④218
イエス・キリスト……→キリスト
イグナティウス・デ・ロヨラ……④327
イサベラ［イサベル一世］……⑤127, 128
イサベラ［イサベル二世］……④275, ⑤131, 132, 141
石田三成……④398
伊藤博文……①25, 226, 227, 343, 344, 414, ②346,

③155, 157
岩倉具視……①3, 5, 25, 33, 71, 76, 78, 149, 180, 218, 221, 226, 344, ②91, 254, 258, 276, 309, 370, ③23, 45, 52, 56, 168, 397, ④116, 156, 193, 214, 222, 396
イワン五世……④5
禹……①112, ③59, ④9, 360, ⑤242
ヴァスコ・ダ・ガマ……④320, 321, ⑤142
ヴァンダル……→ガイゼリック
ヴィクトリア……②33, 55, 74, 86, 89, 127, 432, 437, ④242, ⑤6
ヴィットリオ・エマヌエル二世……④289, 298, 301, 308, 342, 344, 349, 364, 369, 379, ⑤267, 269
ヴィドキンド……④217
ウィリアム［理事官］……①69
ウィリアム一世［ノルマンディ公、ウィリアム征服王］…②49, 89, 105
ウィリアム三世……②78, 435
ウィリアム征服王……→ウィリアム一世
ウィリアム・テル……⑤75
ウィリアム・ペン……→ペン
ウィリアムズ（ロージャー・）…①415
ウィリアムソン……②321
ウィルソン……②230
ウィルソン（アレクサンダー・）……②346
ウィルソン（ジョージ・）……②346, 365, 375
ウィルヘルム（ブラウンシュワイク公）……④228
ウィルヘルム一世……③55, 107, 293, 295, 300, 352, 354, 355, 358, 368, 377, 384, 395, 397, 399, 405, 406, ④44, 223, 227, 232, 344, 349
ウィルヘルム二世……③301
ウィレム……→ウィレム三世
ウィレム一世［オレンジ（オラニエ・ナッソー）家の祖］……③239
ウィレム一世［オランダ・ベルギー統合王国］……③178, 240, 263
ウィレム二世……③283
ウィレム三世［オレンジ（オラニエ・ナッソー）家］……③239, ⑤158
ウィレム三世［オランダ・ベルギー統合王国］……③256, 257
ウィレム四世……③239
ウィレム五世……③239, 240
ウィレム六世……③240
ウィンスロウ（エドワード・）…①38
ウィントン（メージャー・）……②87
ウーグモン……③227
ウード（デイヴィッド・）……②91
ウール……①197
ウェイド（ジョージ・）……②267
ヴェスパシアヌス……④336
ウエリントン……②48, ③226, 229
ヴェルニツキー…④27, 106, 107, 116
紆貢……①405
ヴラスキー（ヴラディミル・パヴロ

あ–か

ヴィッチ・）……④55
瓜生震……①78
エーデルシャイム……③101
エカテリーナ一世……④35, 58, 65
エカテリーナ二世……④6, 37, 58, 66, 81, 85
エディンバラ公……→アルフレット
エドワード［プリンス・オブ・ウェールズ］……②92, 341, 342, 432, 437, ④145
エリザベータ……④218
エリザベート……④456
エリザベス……①37, ②68, 106, 239
エルネスト一世……④239
エルンスト……④240
エンドレ二世……④462
王安石……②252
王昌齢……⑤293
応神天皇……③214
王莽……③66
オーガスタス……④318, 320
大久保利通……①25, 77, 227, 343, 344, 414, ②116, 441, ③406
オークランド……②70
オヽゴスチニス（アウグストゥスもしくはアウグスティヌスか）……④298
大島高任……①78
オールソップ（ヘンリー・）……②375, 404, 405
オクタヴィアヌス……③60
オスカル二世……④190, 192, 193, 196
オスラー……②399
織田信長……④398
オットー……④118, 252
オブホフ……④104
オラニエ……③275

か行

カール・ロッセ……④117
カール……→シャルルマーニュ
カール（ブラウンシュワイク公）……④228, 229
カール・フリードリッヒ・ホルスタイン・ゴットルプ……④218
カール一世……④409
カール五世……→カルロス一世
カール一二世……④5, 70, 171
ガイゼリック……④126
夏禹……→禹
柿本人麻呂……②403
カタルスキー……④34
葛天氏……③62
ガット……④88
カトリーヌ・ド・メディシス……③33
カラカラ……④345, 372
カリギュラ……④318, 320
カリチェ……④429
ガリバルディ……①387, ④289, 354, 367, 369, ⑤267, 269
ガルバーニ（ルイジ・）……①242
カルフーン（ジョン・C・）……①347

カルルス……③358
カルル一二世……→カール一二世
カルロ・アルベルト（サルディニア王）……④289, 369
カルロス……⑤132
カルロス一世……④452, 453, 463, ⑤128, 133, 157
カルロス四世……⑤131
カルロス五世……④409
桓王……③213
管子……→管仲
カンスキー……③293, 321, 406
韓退之……→韓愈
管仲……①362, ③206, 213, ④223, ⑤216
桓帝……④320
関帝……⑤353
韓愈……⑤320, 362
羲和……③150
季札……①328
羲叔……⑤357
木戸孝允……①25, 77, 88, 414, ②441, ③224, 289, 290, ④116
キャヴェンディッシュ（ウィリアム・）（デヴォンシャー公爵）……②228, 341, 342, 344, 360, 361, 364, 365, 387
キャッシュ……②382
キャメル（チャールズ・）……②347, 356, 357, 365
キャンディッシュ……②285
キャンベル（アール・）……②228, 268, 269, 271, 272
堯……③149, 150, ④461
キリスト……③40, 120, ④57, 70, 71, 196, 251, 274, 330, 347, 352～354, 356, 368
キンス……④455
クイーン・メリー……→メリー二世
クーク……①226
グスターフ・アドルフ……④452
グスタフ一世……→オスカル二世
クック（ジェイ・）……①356, 357, 358
クック（ジョージ・F・）……①229
クック（ヘンリー・）……①356, 357
クニッフレル……③321
久米邦武（「私」）……①5, 8, 11, 14, 193, 384, ②115, 336, 341, 353, 356, 442, ③15, 20, 214, 221, ④215, 322, 396, 431
クライブ……⑤330
グラッドストーン……②84, 86
グラフ・ニイロ……④46
グランヴィル……②55, 427
グラント（ウリッセス・S・）……①218, 226, 233, 269, 271, 344, 346, 348～350, 392, ⑤103
グリーリー（ホレイス・）……①348～350, 392
クリスチナ……④171
クリスチャン……→クリスチャン九世
クリスチャン・オルデンブルグ……→クリスチャン一世
クリスチャン・フレデリック……④172

か–さ

クリスチャン一世 ……④44, 171, 217
クリスチャン四世 ……④159
クリスチャン八世……④144, 145, 155
クリスチャン九世
……④145, 155, 156, 161, 215
クリスティナ ……⑤131, 132
グルート ……③199
クルップ（アルフレッド・） ……
③312, 326, 327, 329, 331, 332, ④105
グレゴリー（ウィリアム・ヘンリー・）……⑤323
グレゴリウス七世 ……④326
クローヴィス一世……③4, ④117, 462
クロージャー ……②87
クロード・ドゥ・ジュフロア・ダバンス ……①239
クローン ……②304
クロスリー（ジョン・） ……②340
ゲオルグ ……③358
ゲオルグ一世 ……④155
ゲオルク五世 ……④227
ケヤード（ジェームズ・テナント・）
……②223, 227
ケンペル ……④110
ケンブリッジ →ジョージ・ケンブリッジ
小出信濃守 ……④100
孔子……①387
后稷 ……①362, ⑤242
黄帝 ……④461, ⑤154
コーエン ……①80, 88, 89
コーブルグ［ベルギー国王］
……→レオポルド一世
コーブルグ［ポルトガル国王］
……⑤143, 158
コーワン（A・）……②246
コーンフォース ……②398
コシュレーン（アーチボルト・）
……②289
コシュレーン（アダムズ・）……②289
コステル ……③286
コックリル（ジョン・）
……③209, 215, 231
コッベルト ……①241
小西行長 ……④398
呉邈……④321
コペルニクス ……④158
ゴルチャコフ（アレクサンドル・ミハイロヴィチ・） ……④50
コロチウス ……④333
コロンブス ……
①37, 132, 133, 135, 193, 222, 243, ④320, ⑤128, 142
コンシュ（フィエ・ド・）……③52
コンスタンチン ……④73
コンスタンティヌス
……④318, 343, 344
コンラッド ……④408
コンラッド三世
……→フリードリッヒ三世

さ行

サイード ……③85, ⑤285

さ

財発神 ……⑤353
サイミントン ……①240
佐々木長淳 ……②336
佐野常民 ……④429, 467
サマーセット（エドワード・）……→マーキス・オブ・ウースター
サムナー（チャールズ・）……①349, 350
鮫島尚信 ……③23, 336
サルディニア（王）……→ヴィットリオ・エマヌエル二世
サルディニア（王）……→カルロ・アルベルト
サンド ……①250
シーヴェル ……⑤100
シーザー（ユリウス・）……②361, ③23, 35, 178, ④318, 336, 344, 356, 358, 401
シープシャンクス ……②57
シーベル（ヘフナー・）……⑤56, 63
シーボルト（フィリップ・フォン・）……③272〜274
シーメンス ……④207
ジーメンス ……③359
ジェームズ一世（六世）……①37, ②3, 239, 241
ジェームズ二世……③239
ジェームズ五世……②271
ジェームズ六世 →ジェームズ一世
ジェニングス ……①143
ジェノア（公）……⑤133
ジェファーソン……①222
シェリダン ……①179
シギスムンド ……③296
シクストゥス五世 ……④329
始皇帝……④355, 356, 360
シッキ（チェンバレン・）……④151, 164
志築忠雄……④110
シャープ（グランヴィル・）……①231
シャール……⑤256
ジャカール（ジョゼフ・マリ・）……①411, ⑤116
釈迦……⑤316, 317
ジャクソン（アンドリュー・）……①347
シャノアン ……③23, 52, 99
シャフター ……⑤88
シャルルマーニュ（カール大帝）……③41, ④117, 118, 251, 256, 257, 288, 324, 384, 408, 438, ⑤41
シャルル一〇世 ……③52
シャルル五世 ……③116
シャロン……①78
ジャン・カルヴァン……⑤96
蚩尤……②313
周景……①362
周公……③167, ④222, 223
周公旦……→周公
周宣 ……③59
ジュチ……④5
シュワルツ ……③45
舜……①362, ③149, ④461
春申君 ……⑤372, 373
ジョアン四世 ……⑤143
商鞅 ……②94

さ-た

湘妃……②115
ジョヴァンニ……④356
ジョージ一世……②361, ④226
ジョージ三世……②361
ジョージ四世……②63, 74, ④228
ジョージ・ケンブリッジ……②92
諸葛孔明……②354
徐継畬……①105
ジョリ（フレデリク・）……③194, 199
ジョンソン……①224, 346
ジョン（王）……②79
ジラード（スティーブン・）……①364
シロン……④321
沈括……②353～355
ジンギスカン……④5
岑参……①249
神農……①362, ⑤154, 242, 314
杉浦弘蔵……→畠山義成
スコーフィールド……①78
スコット（ウォルター・）……②236, 271
スコラク（ジョージ・）……②285
スチュワート（アレキサンダー・ターネイ・）……①389～391, 394, 395, ②60
スチュワード……②426
スティーブン……②383, 384
スティーブンソン（ロバート・）……②252
スティーブンソン（ジェームズ・コクラン・）……②321
スティーブンソン（ジョージ・）……②167
ステファーノ三世……④324
ストレモウーホフ（モーヒー・）……④50
スマヒルト……①80
角倉了以……①45, 299
スミス（ジョゼフ・）……①145
スミソン（ジェームズ・）……①246
スラジャ・ウ・ダゥラ……⑤330
スレイマン……⑤305
西王母……⑤353
戚継光……③100
セレソール（ポール・）……⑤44, 59, 77, 82, 88
宣……→周宣
セントチョーネ（聖ジョージか）……④194
センボーン（シュワルツ・）…⑤7, 24
ソールト（タイタス・）……②329, 331～333, ③81
蘇軾……①229, 291, ⑤362
蘇秦……⑤287
蘇東坡……→蘇軾
孫権……④321, ⑤372

た行

ダービー……②86
ターレス……①240
太公望……③213, ④222
タイタス……→ソールト
高橋正風……①174
高山右近……④398

伊達政宗……④400
ダネタン……③182
ダリウス一世……①256
ダルグレン（J・A・B・）……①245
チャールズ一世……②78
チャールズ二世……①295, ②78, 105
チャンス……②392, ③220, 221
チューリンゲン……③296
チュチャーニ……⑤347
張儀……⑤287
張籍……⑤374
陳副勲……⑤374
デイヴィ（ハンフリー・）……②70
デイヴィス（ジェファーソン・）……①232
ティエール（ルイ・アドルフ・）……③27, 28, 52, 53, 55, 58, 175, ④349
ディクソン（ジェイムズ・）……②369
ディズレイリ……②86
ティテュス……④336, 338
テイラー……①105
デヴォンシャー……→キャヴェンディッシュ
デーラン……①174
寺島宗則……①344, ③51
テラン……⑤208
デリック……②148
デロング（チャールズ・）……①26, 33, 71, 76, 79, 82, 112, 149, 245
ド・ノアイユ……③52
東坡……→蘇軾
トールマッシュ……②228, 407, 409, 415, 421〜424
ドーン……①26
杜甫……⑤365
トムソン……②241, 242
豊臣秀吉……④398
トレーポフ（フョードル・フョードロウィチ・）……④34
ドン・カルロス……⑤131, 132
ドン・カルロス［上項の孫］……①13, ⑤132, 133
ドン・フランシスコ……⑤132

な行

ナーゲルベルグ……③222
内藤如安……④398
ナポレオン［軽業師］……①311
ナポレオン一世……②58, 69, 363, ③5, 6, 16, 19, 27, 29, 31, 33, 35, 51, 78, 79, 87, 99, 100, 105, 125, 126, 131, 135, 136, 155, 164, 178, 226, 227, 229, 231〜233, 239, 240, 269, 270, 275, 299〜302, 324, 374, 384, 406, ④59, 67, 81, 107, 131, 136, 172, 213, 218, 233, 240, 252, 257, 259, 264, 265, 278, 284, 288, 390, 393, 410, 452, 457, ⑤42, 84, 131, 180, 196, 241, 266, 273, 284
ナポレオン三世……③6, 33, 67, 76, 78〜81, 110, 354, ④232, 275, 289, 324, 344, 358, ⑤133, 254

な-は

ニコライ一世 …④38, 81, 96, 107, 463
ニコライ（ニコラエヴィチ・）…④96
ニペート ……①150
ニューコメン（トーマス・）……①239
ニュールンベルグ
……→フリードリッヒ三世
ネイル（ロバート・）……②223
ネムール ……③179
ネルソン
……②48, 67, 69, 435, 437, ④163
ネロ ……④318, 343
ノルマンディ公
……→ウィリアム一世

は行

パーヴェル ……④144
パークス（ハリー・）……
②62～64, 74, 89, 91, 105, 112, 115, 122, 213, 254, 258, 270, 325, 426, 434, 441
バークレイ ……②404
パートレット ……②243
パームストン ……②86
バーリエン ……④334
バイエルン大公 ……④265, 451, 452
ハインリッヒ四世 ……④326
ハインリヒ ……④228
ハウスシニューク ……③44
パウル ……④217
伯禽 ……④223
バケルー ……②297
パストゥール（ルイ・）……⑤118
支倉常長（六右衛門）
……④397, 398, 400
畠山義成 ……①5, 9, 11
パテック・フィリップ ……⑤98
ハドソン（ヘンリー・）……①38
ハドリアヌス ……④333, 334
パトリック・ベル ……①197
パトリック・ヘンリー …→ヘンリー
ハミルトン ……①222
林董 ……②341
ハリハック ……①105
バルチモア ……①200
パルマー ……②429
バンクス（ナザニエル・P・）
……①221, 271, 275
ハントリー ……②427, 429
バンネル ……①330
ハンプティン ……③199, 200
ハンベルト（エメ・）…⑤91, 107, 111
「ピートルス・ジャス・ムードリア」
……⑤322
ピール（ロバート・）……②86
ピエトロ ……→ペテロ
ピオ九世 ……
④324, 328, 330, 332, 343, 344
東久世通禧 ……①133
東伏見宮嘉彰親王 ……②64
ビスマルク ……
①387, 388, ③67, 111, 331, 344, 355, 368～370, 377, ④223, 224, 329
肥田為良 ……①227, 245, 367
ピッティ ……④308

は

ピピン［小］……③4, ④288, 290, 324, 326, 353, 438, ⑤157
ピピン［大］……④117, 256
ピョートル一世（大帝）……④4, 5, 7, 14, 15, 20, 35, 38, 43, 44, 57, 58, 65〜68, 70, 85, 88, 109, 171, 218, 386, ⑤158
ピョートル三世……④218
ビョルンスジェルナ（オスカール・デ・）……④188
ファン・ウィーテン……⑤338, 340
ファン・デル・タック（マルティンス・ウィレム・）……③251, 287
ファン・バン……③287
フィッシュ（ハミルトン・）……①83, 226, 265, 335, 343, 344
フィッチ（ジョン・）……①239
フィリップ……⑤131
フィルモア……①313
フーコー（レオン・）……③148
馮俊（焌）光……⑤374
ブーツ（ディールク・）……③275
ブートウェル……①252
ブーランジェ……③204
フェ・ドスティアーニ……④301, 308, 367
フェリペ二世……②68, 106, ③239, 270, ⑤128, 134, 135, 143, 157
フェルディナンド一世……④443, 463
フェルナンド……⑤127
フェルナンド七世……⑤131, 132
フェルプス……①69
フォーダイス（ディングウォール・）……②253, 254
フォティウス……④20, 66, 354
フォン・ライト……③321
ブキャナン（ジェームズ・）……①347
伏見宮能久親王……②64
伏見宮邦家親王……②64
伏羲……⑤153
武帝……①363, ③213, ④320, 372
ブラウンシュワイク……→カール・ブラウンシュワイクまたはウィルヘルム・ブラウンシュワイク
ブラッドフォード（ウィリアム・）……①37
ブラネル（マーク・イサムバード・）……①183, ②38
フランクリン（ベンジャミン・）……①222, 241, 242, 360
フランクリン［百貨店主］……①394, 395
フランクリン（レィディ・ジェーン・）……②87
フランクリン（ジョン・）……②87
フランコニア侯……→コンラッド
フランソワ……②239, 241
フランソワ一世……③124, ⑤112, 128
ブランタイア（チャールズ・スチュアート・）……②213, 214, 222, 227, 228, 230, 231, 421
フランツ・ヨーゼフ一世……

は

④410, 439, 443〜446, 456〜458, 460, 464, ⑤8, 38
フリードリッヒ［ドイツ皇太子］……③358, 377, 387, 406, ④45, 223
フリードリッヒ一世（フリードリッヒ六世）（ホーエンツォレルン家）……③296
フリードリッヒ一世［プロイセン国王］…③297, 298, 337, 376, 406, 408
フリードリッヒ二世……③296, 298, 299, 331, 337, 347, 350, 354, 360, 376, 399, 401, 402, ④67, 68, 122, 414
フリードリッヒ三世（コンラッド三世）（ホーエンツォレルン家）……③296
フリードリッヒ六世（フリードリッヒ一世）（ホーエンツォレルン家）……③296
フリードリッヒ・ウィルヘルム……→フリードリッヒ一世［プロイセン国王］
フリードリッヒ・ウィルヘルム一世……③298, 347, 401, 406
フリードリッヒ・ウィルヘルム二世……③299, 401
フリードリッヒ・ウィルヘルム三世……③299, 404
フリードリッヒ・ウィルヘルム四世……③296, 300, 357, 402, 404
フリードリッヒ・ウェストファリア・ホルスタイン・ゴットルプ（侯）……④217
ブリュッヘル……③406
ブルータス……④318
ブルックス（チャールズ・オルコット・）……①69, 413
ブルックス（エドワード・）……①412
ブルックス……①413
フルトン（ロバート・）……①240
ブルトン（ジル・ル・）……③125
ブレイン（ジェームズ・G・）…①221
フレデリック……③290
フレデリック五世……④158, 163
フレデリック六世……④158
フレデリック七世……④145
プロヴィデンス……③220
ブロック（モーリス・）……②80, 279, ③136, 170, 174, ⑤163
フロッセー……④34
文王……①154
文帝（漢）……①362
文帝（魏）……⑤198
ペイトン……②223
ヘイワーズ……①81
ベッセマー（ヘンリー・）……②159, 350, 352
ペテロ……④57, 329, 330, 347, 352, 353, 356
ペリー……①54, 101, 313, 415
ベル（ヘンリー・）……①240
ベルクナップ（ウィリアム・）……①287, 289, 290
ベルタン（アンリ・レオナール・ジャン・バチスト・）……⑤208
ベルハルト……④239

ヘルワイネン（ゲーリッケ・デ・）……③257
ペレイラ（ジャコブ・ロドリック・）……③162
ペン（ウィリアム・）……①38, 261
卞荘子……⑤340
ヘンドリック……③293
ベントン……①245
ヘンリー（パトリック・）……①38, 39
ヘンリー一世……②89
ヘンリー二世……②89
ヘンリー六世……②386
ホイットニー（エリ・）……①231
ホウファー（アンドレアス・）……④278
ボウリング（ジョン・）……②63
ホーヴェン（ヴァン・デル・）……①25
ホーエンツォレルン・シグマリンゲン……④275, ⑤133
ポーカス……④335, 336, 344
ポーター……②242
ホーバン（ジェームズ・）……①218
ホープ（ジェームズ・）……②213
ホーンビイ（ジョフリー・トーマス・フィップス・）……②67
穆王……②363
ボズウェル……②241
ボナパルト（ジェローム・）……③302
ボナパルト（ジョゼフ・）……⑤131
ボニファチオ四世……④336
ボリンデル……④205
ポリニャック（ジュール・ド・）……③52
ホルスタイン……→クリスチャン九世
ホルスタイン……→カール・フリードリッヒ・ホルスタイン・ゴットルプ
ポルスブルック（ディルク・デ・クラーフ・ファン・）……③251, 287, 288
ポルトガル……→アンリ「ポワール」
ポンペ（・ファン・メーデルフォールト）……③266

ま行

マーガトロイド……②420
マーキス・オブ・ウースター……①238
マーシャル（ジェームズ・ウィリアム・）……①105
マーシャル（フレデリック・）……③56, 58
マーストン……②415, 420
マーティニ（ヘンリー・）……⑤85
マウンディ（ジョージ・ロドネイ・）……②65
マキシミリアン一世［神聖ローマ帝国皇帝］……④118, 409
マキシミリアン一世［バイエルン王］……④263
マキシミリアン二世……④269
マクマオン……④253

ま–や–ら

マクリーン ……①33
マクリントック ……②87
マコーミック（サイラス・ホール・）……①197
マッカーサー（ジョン・）……②14
マラー ……③52
マリア ……③40, ④274, 368, ⑤265
マリア二世 ……⑤143
マルクス・アウレリウス・アントニウス ……④320
マントノン ……③99
ミハイル（ロマノフ家）……④5
ミラー ……①240
ミルズ（D・O・）……①78, 89
ミントン ……②409, ⑤15
ムードリア ……⑤321
ムーン ……①318
無懐氏 ……③213
ムソー ……③175
ムハメッド・アリ ……⑤294
紫式部 ……②402
メアリ ……→メリー二世
明治天皇 ……①33, ②127, ④156
メッテルニッヒ ……④443
メヤー（ウィリアム・）……①201, 228, 236, 250, 253, 255, 275, 344
メリー（・スチュワート）……②239, 241
メリー二世 ……①200, ②78, 435, ③239, ⑤158
メリニコフ ……④34
メルバーン ……②86
孟子 ……①387, ②128, ④111, ⑤238
モース（サミュエル・F・B・）……①83, 242, 393, 394
モーゼ ……⑤295
森有礼 ……①201, 275
モルトケ ……③331, 358, 377, 383, ④215
モレシー ……④464
モロー（ウィリアム・）……①147

や行

山口尚芳 ……①25, 77, 246, 414, ②116, 341
ヤング（ブリガム・）……①145, 146
ヨーク ……①295
ヨーゼフ二世 ……④265

ら行

ラーキン ……①105
ライス ……①416
ライト ……③348, 406
ラインスター ……①219
ラッセル［収税官］……①327
ラッセル（ジョン・）……②86
ラッフルズ（スタンフォード・）……②70
ラファイエット ……①249
ラファエル ……③401
ラムスデン（ジェイムズ・）……②214

ラムゼイ（ディーン・）……②285
リー（ロバート・E・）
……①232, 269〜271
李華……①131, ⑤277
李広利……④320
リシュリュー……③4, 35, 41, 105
リスター（サミュエル・カンリッフ・）……②333, 334, 338
リッツィオ（デイヴィッド・）
……②241
李白……①129, ⑤69
リューガー（トーマス・H・）
……①287, 289, 294
柳宗元……⑤362
リューリック……④5
リンカーン（エイブラハム・）……
①224, 232, 246, 271, 345, 346, 347
ルイ一一世……⑤112
ルイ一三世……③4, 41
ルイ一四世……
②61, ③4, 8, 33, 35, 43, 55, 58, 66, 99, 104, 105, 117, 126, ④119, 257, 265, 452, ⑤6, 241
ルイ一六世……③5, 104
ルイーズ……④145, 155
ルイス一世……⑤143
ルイ・フィリップ……
③27, 28, 52, 105, 111, 179, 180
ルーヴォア……③105
ルードヴィッヒ……④408
ルーベンス……③233
ルター（マルチン・）……
④248, 263, 327, 354, 451, ⑤42, 96, 163
ルドルフ一世……④252, 409
ルポオンス（レオポルドか）
……⑤145
レイ……②87
レオ三世……④251
レオポルド……④242
レオポルド一世……③179, 180
レオポルド二世……③195, 203
レザノフ……④109
レセップス（フェルディナン・マリ・）……⑤283, 285〜288
レミュサ（シャルル・フランソワ・ル・コント・ド・）……③52
レンブラント（・ファン・リーン）
……③275
ロウ……②253
ローエルダンツ……③321, 406
ローガン（ジェイムズ・）……①360
ロールストン（ウィリアム・C・）
……①78, 79, 85, 89
ローン（アンリ・ド・）……⑤96
ロスリン（ウィリアム・セント・クレア・）……②250
ロビンソン（ジョージ・M・）
……①265
ロミュルス……④324
ロヨラ……
→イグナティウス・デ・ロヨラ

わ

わ行

ワーリック ……………………………②387
ワサ……………………………………④171
ワシントン（ジョージ・）………………
①38, 39, 53, 150, 218, 221〜224, 247〜249, 370
ワッツ ………………………………②203
ワット（ジェイムズ・）…………①239
ワトソン（ウェスト・）…………②214
ワリコレー ……………………………③84

地名索引

あ行

アーサーズ・シート……②238, 239
アールキャンベル荘園……②268, 269
アールブルグ駅……⑤57
アーレ川……⑤57, 59
アーロー駅……⑤57
アイオア州……①172, 193, 194, 196
アイトクーネン駅……③408
アイルランド……
②4, 5, 7, 8, 13, 21, 22, 25, 27, 80, 81, ⑤152, 156, 164
アウグスブルグ……④264
アカバ湾……⑤295
アグリカルチュラル・ガーデン……①86
アシャッフェンブルク駅……④260
アチェ……⑤335, 336, 338, 339
アデイジェ川……④280, 282, 284, 291
アデン…②5, ⑤297, 298, 300, 301, 303
——湾……⑤306
アドリア海……
④287, 290, 291, 389, 411, 415, 416, ⑤178, 179
アナポリス……①200, 265
アバフェルデイ駅……②267
アパラチヤ山脈……①40, 43
アペニン山脈……
④290, 291, 354, 378, 381, ⑤170
アムステルダム…③279〜281, ⑤178
——港……⑤180
アメリカ大砂漠……①43
アメリカ滝……①305〜306
アラ駅……④282, 284
アラスカ……①41
アラバマ州……①43
アラビア（半島）……
⑤267, 293〜295, 300, 303, 304
——海……⑤297
アラル海……④4
アリカント市……⑤139
アリゾナ……①57
アルカトラス島……①68, 76, 87（挿絵）
アルザス……③3, 7, 13
アルジェリア……③4, 146
アルタ……①119
アルデンヌ山地……③182
アルテンブルグ……④243
アルトナ……④216
アルノ川……④301, 303（挿絵）, 305, 307
アルバセット運河……⑤137
アルバノ山……④323, 324
アルプス山脈…③7, ④290, 417, ⑤45
アルプナッハ湖……⑤76
アルマデン山……⑤140
アレクサンドリア市……⑤275〜277, 292
アレゲニー（山脈、山地）……①40, 191, 340, 374
——川……①190
アンダルシア地方……⑤136
アントウェルペン……③232, 233, ⑤176, 180
安南（アンナン）……⑤355, 358

あ

アンハルト公国……④137
イーストリバー……①281
イエンチェピング……④184
伊王島……⑤376
イスパニア半島（イベリア半島）……⑤126, 142
イスマイリア運河……⑤279
イタリア半島……⑤178
イツェホー……④216
イリノイ州……①177, 178, 193, 194, 196
イングランド……②3～5, 8, 9, 22, 23, 26, 27, 33, 80, 81, ⑤152, 156, 164, 170, 189
インスブルック……④278, 279, 413
インタラーケン……⑤67, 68
インディアナ州……①188, 193, 194, 196
インディアナポリス……①188
インド……③4
インドゥラポェラ山……⑤336
インドシナ……③4
インバースナイド滝……②282, 283（挿絵）
インペリアル運河……⑤137
インメンスタット……⑤51
ヴァージニア……①37, 45, 249, 340
ヴァーモント州……①43, 319
ウァイオミング準州……①157, 158, 161, 193, 194, 196
ヴァルダイ台地……④8
ウァルタ川……③303
ヴァレーオ……①76, 77
ウィーン……④46, 410, 411, 415, 437, 438, 440（挿絵）, 441～443, 445, 452, 458, 461, 468, ⑤8
ヴィスバーデン……③305, ④252, 253
ヴィチェンツア……④286
ヴィツナウとその波止場……⑤79, 80（挿絵）
ヴィラヴィコーサ……⑤145
ヴィルナ駅……④27, 107
ウィルミントン市……①199
ウィンフェルデン駅……⑤52
ウェーバー川……①154, 155
ウースター……②404
ウェーゼル川……③304, ④232, 233, ⑤177
ヴェーネルン湖……④174
ウェールズ……②3, 5, 18, 21, 33
ヴェスヴィアス山（ヴェスヴィオ）……④291, 370, 373, 378, ⑤270
ウェストファリア州……③302, 321, 324
ウェストポイント……①287～292
ウェッテルン湖……④174
ウェストミンスター……③47, 48
ヴェネツィア……④288, 290, 296, 297, 381, 385, 386, 389～391, 399（挿絵）⑤179
ヴェルガト駅……④382
ヴェルサイユ……③54（挿絵）, 55, 103～107
ヴェロナ……④284, 285（挿絵）, 286
ウォールストリート……①382

ヴォルガ川……④8, 9, ⑤172
ウォルサム……①321
ウディーネ駅……④403
ヴュルテンブルグ……⑤176
――王国……④261, 266
ウラル（山、山脈、山地）……④7, 8, 13, 15, 57, 98, 100, ⑤170
――川……⑤172
ウリ州……⑤42, 45, 75
ウリッジ（ウールウィッチ）……②89, 90（挿絵）, ④454
ヴュルツブルグ駅……④262
ウンターヴァルデン州……⑤42, 75, 81
ウンテルゼーン……⑤68（挿絵）, 69
ウンテル・ロイッチ駅……④431
ウンブリア公国……④288
エイトコノネン駅……④26
エヴァンストン……①157, 158
エヴィアン……⑤95
エゲリ湖……⑤82
エジプト……②12, 18, ⑤290（挿絵）, 292〜294
エッセン……③326, 327
――駅……③332
エディンバラ……②234〜236, 238
エトナ山……⑤271〜273
エブロ川……⑤137
エリー湖……①44, 45, 305, 307, 308
エルコ……①138
エルザス・ロートリンゲン州……③324
エルツ（山地、山脈）……④246, 264, 417, ⑤169
エルブーフ……③155
エルベ河口……④216
エルベ川……③303, ④135, ⑤177
エルベルフェルト市……③326
エンメ川……⑤57
オーエリコン駅……⑤52
オークランド……①79, 80, 88, 91
オーストラリア洲……④4
オーデル川……③303, ⑤173, 177
オーバー・オーステルライヒ州……④411
オグデン……①139, 141, 155
オデッサ……④11, ⑤178
オデンセ……④214
オネガ湖……④8, ⑤174
オハイオ川……①44, 52, 189, 190
オハイオ州……①189, 190, 193, 194, 196
オマハ……①163〜166
オルテン駅……⑤57
オルデンブルグ大公国……④217, 218
オルバニー……①295
オレゴン州……①42
オレンブルグ……④106
オンタリオ湖……①44, 305, 316

か行

カールスルーエ……④267
海岸山脈……①42, 106
カイロ……⑤294
カウンシル・ブラフ駅……①173

か

カザン旧汗国……④11
ガスコーニュ湾（ビスケー湾）…③8
カスティーリア山脈……⑤134
カスティール運河……⑤137
カスピ海……④4, 7, 8, ⑤172, 174
カタロニア地方……⑤135, 140
カッシノ……④378
カッセル……④231, 232
カディス……⑤137, 180
カナダ……①42, 43
——滝（馬蹄滝）…①305, 307, 308
カプリ島……⑤270
カポ・ヴェルデ群島……⑤142
神島……⑤376
ガラシールズ……②289
唐津……⑤377
樺太……②7
カラブリア岬……⑤272
カランダー……②273
ガリチア州……④415, 416
カリフォルニア（州）……①42, 43, 45, 47, 48, 65, 67, 77, 104～110, 112, 113, 119
カルカッタ（港）……②20, ⑤308, 329～333
ガルダ湖……④292
カルトパード山……⑤82
カルパチア山脈……③8, ④417, ⑤169, 170
カレー……③10, 23, 24
ガロンヌ川……③8, ⑤174
カンザス州……①161
カンタブリア山脈……⑤134, 140
カンディア……⑤275
カンディ国……⑤322
カンパネルラ岬……⑤270
カンボジャ……⑤355, 356
関門海峡……⑤377
ギアナ……②4
キーキ川（ギーゲ川）……⑤76
ギースバッハ滝……⑤69
ギースホーフ漂流……⑤69
キール港……④137, 216
キシニョフ……④11, ⑤178
ギニア……③4
キャフタ……④16, 17
キュステンラント州……④415
ギュンザッハ駅……⑤51
キリークランキー……②261～263
キリン……②271
グアダラマ運河……⑤137
グアダルキビル運河……⑤140
グァダルキビル川……⑤136, 137
グァダループ……③4, 145, 146
クイーンズタウン港……②33
グーテボルク港……④174, 188
クールセル……③218～220
グムンデン駅……④262
クラーゲンフルト……④412
グラーツ……④412, 433
クライン州……④412
クラウゼン駅……④281
グラスゴー……②6, 7, 14, 60, 214, 215, 278, 279, 281
グランドセントラル駅……①389

か

グリーノック……②227
クリーブランド地方……②12
グリーン川……①157～159
クリスチャニア（港）……④170, 175, ⑤180
グリニッジ……②3, 37, 49
クリミヤ半島……④7, 10, 69
クルウ……②156～163
クレタ島……⑤274
クロイツ駅……④116
グローマ川……④174, 175
クロンシュタット……④15, 37
芸備海峡……⑤377
ケーニヒスベルク（港）……③408, ⑤181
ケープコッド……①38
ケープホーン……①118
ゲッチンゲン……④231
ケルン……③326, 325（挿絵）⑤176
ケルンテン州……④412
ケンプテン駅……⑤51
ケンブリッジ（アメリカ）……①59
ケンブリッジ（イギリス）……②25
ケンメルバッハ駅……④468
コインブラ……⑤145, 147
コヴェントリー……②382
紅海……⑤295, 296, 298, 303
江蘇省……⑤371
高地オーストリア州……④411
神戸……⑤377
黄浦江（申江）……⑤371, 375
コーカサス山脈（山地）……④7, 11
ゴータ……④240, 241（挿絵）
コーチ……⑤355～358
ゴーテンブルグ港……⑤180
ゴート島……①305, 306
コーブルク……④240
ゴール（港）……⑤311～315, 328
コルソール港……④151, 214, 215
ゴールデン・マウンテン……⑤335
ゴールデンゲート……①64～69, 72（挿絵）, 76, 88
ゴールドラン……①119
コーンウォール州……②13
黒竜江……④18
ゴスフォース……②303～306
古代ローマ……④297, 318, 320, 321, 323, 324, 336, 347, 353, 355, 358, 359
黒海……④7, 8, 11, 17
五島の島［五島列島］……⑤376
コネチカット州……①319
コペンハーゲン（港）……④151, 152（挿絵）, 153, 160,（挿絵）, 162（挿絵）, 164, 211, ⑤180
——市……④163, 164
コモ湖……④292, ⑤46
コリンヌ……①139
コルシカ島……③3, ④287, ⑤266
コルドバ……⑤140
コルピノ……④83, 85
コロラド準州……①161
コロンバス……①189
コロンビア特別区……①203～205
コロンボ……⑤318, 323
コンスタンス……⑤52

か–さ

コンスタンティノープル
……④66, ⑤179
コンソン島 ……⑤349

さ行

サーネ川……⑤93
ザーレ川 ……④242
サイゴン ……⑤349, 350
——川 ……⑤349, 350
サヴァ川 ……④412, 417, 431, ⑤173
サヴォイ ……④291
サウス・ケンジントン ……②55
サウス・シールズ ……②321
サウスプラット川 ……①162
ザクセン・アルテンブルグ公国
……④243
ザクセン・コーブルク・ゴーダ公国
……④240
ザクセン・マイニゲン公国……④239
ザクセン・ワイマール大公国
……④243
ザクセン王国……④244〜250
ザクセン州 ……③301
サクラメント ……①113, 114〜116
——川
……①45, 77, 99, 106, 113〜115
サザンプトン港 ……②7, 65, ⑤180
サスケハナ川……①45
サセックス州……②62
サミット駅……①126, 129
サラゴッサ ……⑤141
ザラ ……④416
サラトガ ……①316〜319
——湖 ……①318
サラマンカ ……⑤141
サルディニア王国 ……④288
サルディニア島……④288, ⑤266, 267
ザルツブルグ（州）…④411, 412, 468
サルネン ……⑤74, 75
——湖……⑤74
サン・ゴダルト峠 ……⑤45
サン・ジェルマーノ ……④378
サン・ジャック岬 ……⑤349
サン・ブルーノ ……①78
サン川 ……④432
サンクト・ペテルブルグ……
④6, 8〜11, 15, 19, 34〜36, 41, 42, 45, 63, 81, 83, 88, 99, 106
——駅……④34
——港 ……⑤181
サンクルー ……③87, 175
三姉妹島 ……①308, 304（挿絵）
サン・ノゼ ……①80, 81
サンフランシスコ……
①45, 67, 68, 79〜82, 106, 107, 109, 110, 113, 212, 368
——駅……①85
——港……①69
——市 ……①69, 95〜103
——湾……①69, 76, 80, 81, 113
サンホアキン ……①113
ジェームスタウン ……①59
シェフィールド
……②346, 347, 365, 396, 398

さ

シエラ・トレド山地……⑤134
シエラ・ネヴァダ山脈（アメリカ）…①42, 47, 114, 116, 119, 129, 130
シエラ・ネヴァダ山脈（スペイン）……⑤134, 136, 138
シエラ・モレナ山脈……⑤134, 136, 138, 139
シカゴ……①44, 45, 47, 48, 179, 180, 185, 323
——駅……①178
シチリア島……④287, 288, ⑤170, 271〜273
シテ……③35
シティ・オブ・ロンドン……②45
シドニー……①161
シナイ山……⑤295
ジブラルタル岬……⑤126, 136
シベリア……①119, 120, 122, 123, ④17, 18
ジャージーシティ……①276, 278, 279, 286
シャーマン・サミット……①160, 161
シャウハウゼン州……⑤52
シャウンブルク・リッペ……④233, 234
シャディ・ラン……①125, 126
シャドウアン島……⑤296
シャルコルン峰……⑤72, 74
シャルボー……⑤104
ジャワ（島）……③312, ⑤335
上海……⑤371, 374, 375
シュヴィッツ州……⑤41, 75, 81
シュヴェーリン……③388, ④127
——湖……④125
シュテッツイン……④123
シュテッツイン港……⑤177, 181
ジュネーヴ（州、市）……43, 48, 95, 96, 97（挿絵）, 100, 101
——湖……93, 174
シューペリオル湖……①44, 52
シュレジェン（州）……③299, 302
シュレスウイッヒ（州）……④143〜146, 214〜217
——運河……④147
シュワルツブルグ・ソンデルハウゼン国……④243
シュワルツブルグ侯国……④242
シュワルツワルド……④267
シュワルム川……④234
ジョージタウン……①250
ジョーンズ・チャーチ……②285
新隆（ショロン）……⑤353
シラキュース……①301, 302, 316
シルリ……④432
シレジア州……④414, 415
新・旧ロイス侯国……④244
シンガポール港……②5, ⑤343, 346, 347, 348
シンシナテイ……①44, 52, 172, 190
スエズ（港、市）……⑤292〜294
——湾……⑤283, 286, 295
スカンディナビア山脈……④170, 178, ⑤169
スクルケル川（上水）……①199, 358, 365
スケルデ川……⑤173, 376

さ-た

スコットランド ……②3, 5〜10, 12, 13, 21, 27, 80, 81, 211, 235, 239, 241, 252, 258〜260
スタイエルマルク州 ……④412, 437
スタインブリュック駅 ……④432
ステュットガルト ……③388, ④267
ストックトン ……①113
ストックホルム（港）……④170, 174, 198, ⑤181
——市 ……④185, 186（挿絵）, 187, 188
ストックホルン山 ……⑤65
ストラスブルグ ……③326, ⑤176
ストロンボリ山 ……④291
スプリングフィールド ……①330
スプレー川 ……③303, 337, 339, ⑤173, 177
スヘルデ川 ……③182, 200, 232
スマトラ島 ……⑤334〜337
スレーン ……③206
セイロン（島）……⑤312, 317, 322, 326, 328
セーヌ川 ……③7, 8, 28, 33, 37, 62, 87, 141, 150, 155, ⑤173
セーブル ……③87〜96
ゼーランド州 ……④221
瀬戸内海 ……①312
セネガル ……③4, 146, 147
ゼノア ……④297
ゼノア港 ……⑤179
セビーリア市 ……⑤136
セメリング駅 ……④434（挿絵）, 435, 436
セメリング山塊 ……④433, 437
セント・ジョーンズ海峡 ……②33
セント・ピーテル村 ……④430
セントルイス ……①45, 52, 172
セントローレンス川 ……①44
センパッハ（湖, 村）……⑤82, 84
ソイデル・ゼー ……③243, 244, 279, 289, 290
ソーヌ川 ……③8, ⑤111
ソールテア ……②329, 330（挿絵）
ソコトラ島 ……⑤306, 307
ソフィンゲン駅 ……⑤84
ソルトレイク ……①139〜141
ソルトレイク・シティ ……①141, 142, 146, 149, 150

た行

大西洋平地 ……①40
大ブリテン ……②5
太平洋沿岸山脈 ……①42
太平洋平地 ……①40
台湾 ……⑤367, 368
ダッチフラット ……①119
ダブリン ……②7
ダルマチア州 ……④416
ダルムシュタット ……④259
ダンケルド駅 ……②263, 267
ダンデイ ……②259
チェサピーク湾 ……①45, 200, 265
チェシャー州 ……②13, 407, 415

た

チェスター……②423, 424
チェルノウイッツ……④416
チャールズ・タウン……①327
チャンパ……⑤355, 356
チューリッヒ……⑤48, 53, 56
——湖……⑤45, 53, 54（挿絵）, 174
——州……⑤52, 53, 56
チュール川……⑤52
チュールガウ州……⑤52
チロル（イタリア）……④284
チロル・ヴォラールベルグ州……④412
チロル山脈……④279
チロル州……④278, 279
チロル地方……④280
ツューゲル湖……⑤82
ティーア・ガルテン……③365〜367
テイ川……②259, 264, 267, 269
テイス川……④417
低地オーストリア州……④411, 437
テイベーレ川……④291, 323, 324, 333
ティムサ湖……⑤283, 291
テイ湾……②259, 264
デヴィルズ・ゲート……①153〜155
テージョ河（タホ河）……⑤144
テーブルロック……①159
テームズ川……②35〜37, 45, 49, 50
デールリゲン波止場……⑤66
デモイン……①172
デュッセルドルフ……③326, 334
デラウェア・アヴェニュー……①207
デラウェア川……①44, 199
デラウェア州……①199
トイトビュルゲルワルド山地……④233
東京……①25
ドゥラウ川……④432
ドウロ川……⑤137
ドーヴァー……①199
——港……③22, 23
トーン駅……⑤65
トーン湖……⑤64,（挿絵）, 65〜67
トスカナ大公国……④288
ドナウ川……④417, ⑤8, 173
ドニエプル川……④8, ⑤172
トノン（波止場）……⑤95, 104, 106（挿絵）
トマ（湖）……⑤46
トラジメーノ湖……④292
トラッキー……①130, 131
——川……①130
——湖……①130
トラハト……⑤71
トラファルガー岬……②69
トリエスト……④415
——港……④429, ⑤177, 179
トリノ……④297
ドレスデン……③388, ④246, 247, ⑤177
トレド……⑤140
トレント……④281
トロサクス湖（ロッホ・アシュレイ）……②276
ドロットニングホルム……④196〜198
トロッポー……④415
ドン川……④8, 9

トンキン ……⑤355, 358

な行

ナイアガラ ……①302
ナイアガラ滝（周辺も含む）
……①44, 303〜313, 304（挿絵）
長崎……⑤376
ナッソウ州 ……③303
ナブレチナ（駅）……④291, 403, 429
ナポリ……
④288, 297, 367〜370, 372, 374（挿絵）, 376（挿絵）, 377, ⑤268（挿絵）
——王国 ……④288, 289, 367, 369
——港 ……⑤179, 269, 270
——市 ……④367, 368
ナント……③8
ニーゼン山 ……⑤65
ニーダー・オーステルライヒ州
……④411
ニオン波止場……⑤95
ニコバル諸島 ……⑤335
ニコライ橋……④101（挿絵）, 102
ニューアーク ……①276
ニューアーマデン ……①78
ニューイングランド……①59
ニューオルリーンズ……①44, 323
ニューキャッスル
……②6, 289, 298, 323
ニュージーランド……②4
ニュージャージー州 …①52, 275, 276
ニューヘブン……①60
ニューメキシコ ……①57
ニューヨーク……
①44, 52, 276, 278, 279, 281, 286, 323, 378, 380〜382, 388〜395
——州 ……
①287, 295〜298, 379〜381
——湾 ……①395〜396
ニュールンベルグ……
④264, 266, ⑤176
ヌーシャテル……⑤48
——湖……⑤45
ネヴァ川 ……
④8, 35, 37, 38, 43, 45, 50, 51, 63, 64
ネヴァダ州……①129, 139
ネブラスカ州……①161, 193, 194, 196
ネマン川……④107
ノイエシュタット ……④437
ノイシュタット駅 ……④234
ノイエストレリッツ ……④124, 125
ノースウィッチ……②415
ノースプラット……①163
——川……①162
ノースベンド駅……①163
ノルマンデイ平野 ……⑤171

は行

ハーグ ……③256
パース駅……②259
バーデン……⑤176
——駅……⑤56

は

——大公国……④267
バーデンバーデン……③305, ④253
バーナム……②264
バーナム・ホテル……②263
バーミンガム……②391, 405
バーメン市……③326
バイエルン王国……④263～266
バウル・アン・ヴィル・ホテル……⑤53
パッセイック川……①276
バッテリー川岸……①279
パドゥア……④286, 287, 302, 386, 387
ハドソン川……①44, 276, 278, 286, 294
ハドソンタウン……①414
バトルマウンテン……①132, 137, 139
ハノーヴァー……④227
——州……③303, ④226
バベルスベルク……③405, 406
パミール高原……⑤376
ハムメルフェスト……④175
パリ……③24, 25, 28～45, 47, 50, 51, 58, 107～110, ⑤176
バリアドリード……⑤141
パリセード……①137, 138
ハリファックス……②340, 341
バルカン山脈……⑤169
バルセロナ……⑤135, 136, 139, ⑤180
バルト海……④3, 5, 7, 15, 42, 127, 137, 175, 216, ⑤178
バルチモア……①200, 201
パルマ公国……④288
パレルモ……④297
パレルモ港……⑤179
バレンシア（港）……⑤136, 141
ハンガリー……④461～467
——平野……⑤170
バンキン・ブリッジ……①154
ハンブルグ……④128～133, 178, 219, 220, 224～227, 230
——自由市……④128～136, 219
——港……④224, ⑤177, 180
ハンボルト……①131, 137
ビーストン・キャッスル駅……②414
ビーセンホーフェン駅……⑤51
ビーチスチェ川……③304
ビスケー州……⑤140
ビスケー湾……③8, ⑤127, 134, 138, 180
ピストーヤ……④382
ビッター湖……⑤283, 292, 293
ピッツバーグ……①52, 190～191, 375
ピトロクリ駅……②263
ヒューロン湖……①44
ビルバオ……⑤138
ピレネー山脈……③3, 7, ⑤126, 134, 135, 139, 169
ビンタン島……⑤349
フィーアヴァルト・ステッツアー湖……⑤78（挿絵）, 79
フィタテル山脈……④264
フィラデルフィア……①44, 199, 226, 323, 356, 368, 369, 373, 374, 376

は

――市 ……①358～360
フィレンツエ……④288, 297, 303（挿絵）, 309, 310, 312, 313, 381, 382
――市 ……④301, 302
フィン島……④214
フェア・ヘーブン ……①319
フォース湾 ……②252
フォンテーヌブロー ……③123～126
ブコヴィナ州 ……④416
プシロリティス山 ……⑤275
プスコフ駅 ……④33
ブダペスト……④418, 443, ⑤177
福建省 ……⑤367
フライブルグ（バーデン大公国）……④267
プラーグ（プラハ）……④413, 425, ⑤177
フラウェンフェルト駅 ……⑤52
ブラウンシュワイク公国……④228～229
ブラザー・アイランド ……⑤296
ブラザー島 ……⑤349
プラス・デュ・シャトレ……③38
プラス・ド・ラ・バスチーユ …③38
ブラッセル……③195～199, 224～226, ⑤176
ブラッドフォード……②328～329
プラテン湖 ……④418
フランクフルト・アム・マイン ……④249（挿絵）, 250, 252, ⑤176
フランクフルト・アン・デア・オーデル ……④123
フランツェンフェスト駅 ……④280
ブランデンブルグ州 ……③301, 336
フリーマウント山 ……①159
ブリーンツ湖……⑤67
ブリクセン ……④280
フリスチュ・ハーフ ……③408
ブリテン島（大ブリテン島）……②3～5
プリマス ……①38, 59
ブリュージュ運河 ……③182
ブリューン ……④414, ⑤177
プリュック（・アン・デル・ムール）……④433
ブリュニッヒ……⑤72, 73（挿絵）
プリンティング・オフィス……①243～244
フルーダ川……④232, 234
ブルグドルフ……⑤57
ブルックリン ……①323
ブレア・アソール……②259, 260, 261
ブレーメン港 ……⑤177, 180
ブレーメン自由市 ……④224, 225
ブレスラウ ……④123, ⑤177
フレデリクス公園 ……④158
ブレンネル駅 ……④279
プロイセン州 ……③301
プロヴァンス平野 ……⑤171
プロヴィデンス……①415
――港……①400
ブロードウェイ……①278, 279
フロシノーネ ……④378
ペイエルバッハ駅 ……④437
ペイプシ湖（チュージ湖）

は

……④8, 33, ⑤174
ベーコンヒル……②92
ベーネルン湖……⑤174
ベーリング海峡……①134, 135
ベクトン・ガス会社……②434, 435
ペスト（ブダペスト）……④461
ヘッセ・ダルムスタット大公国
……④259
ペトロパヴロフスク……④64
ベネンテン駅……④262
ペリム島……⑤297
ベル・アリアンス……③382
ヘルクラネウム……④377
ベルネルホーフ・ホテル
……⑤57, 58（挿絵）
ペルモント村……①79, 85
ベルリン……
③301, 304, 311, 317, 346, 357, 358, 360, 364, 365, 368, 380, 381, 388, 390, 399, 406, ⑤177
――駅……③336
――市……③337〜344
ベルロック……②252〜254
ベルン……⑤44, 48, 58〜60, 177
――駅……⑤57, 63, 91
――州……⑤43, 59
ベン・マクドゥイ山……②266
ベン・レディ山……②274
ペン・ローモンド……②284
ベンガル……⑤329〜331
――湾……⑤329, 335
ベンザイム駅……③321
ペンシルヴァニア（州）……
①38, 43, 52, 189〜194, 196, 198, 199, 374〜376
ベン・ロアーズ山……②270, 272
ホウリー……④281
ホーエンツォレルン侯爵領……④275
ポー川……
④291, 384, 385, ⑤46, 173, 178
ポータート……③203〜205
ポーゼン州……③301
ポーツマス……②64〜68, ⑤180
ホーデン湖……
④267, ⑤45, 46, 51〜52, 173, 174
ポートサイド……⑤277〜279
――港……⑤275, 280, 283
ボールトン・アベイ
……②341, 342, 343（挿絵）
ボストン（港）……
①319, 321〜324, 327, 330, 400〜404, 412, 414
――市……①322, 323
ポツダム……③399
ポトマック川……
①205, 206（挿絵）, 246, 249, 250, 269
ボナヴィスタの丘……⑤320
ボヘミア……
④417〜420, 422, 425, ⑤170, 171
――州……④413, 414
――山地……④417
ホルスタイン
……③300, 303, ④145, 146, 216
ボルセーナ湖……④292
ポルト……⑤144

は-ま

ボルドー……③7, 8, 12, 55

——港……⑤180

ボローニャ……④382, 384

香港……②5, ⑤359, 362〜364

ポンペイ（遺跡）……④370, 371, 373, 374（挿絵）, 376（挿絵）, 377

ボンベイ……⑤308〜310

——港……⑤307

ポンメルン州……③302

ま行

マース川……③252/⑤376

マース橋……③252

マールブルグ駅（ヘッセ・カッセル）……④234

マールブルグ駅（オーストリア）……④432

マールブルグ市（オーストリア）……④433

マイン川……④240, 249（挿絵）, 250, 252, 253, ⑤173, 176

マカオ（港）……⑤365

マサチューセッツ（州）……①59, 400, 402

マジョーレ湖……④292

マゼラン海峡……①43

マッターホルン……⑤45

マットホルン（ピラーツス山か）……⑤77

マドリード……⑤134, 137, 138, 140

マニラ〈ルソン島〉……③312, ⑤140

——港……⑤368, 369

マヨルカ山地……⑤140

マラガ（港）……⑤136, 139

マラッカ（海峡、半島）……②5, ⑤334, 343, 344

マリウト湖……⑤276

マルシア運河……⑤137

マルセイユ（港）……③10, ⑤117, 119（挿絵）, 123,（挿絵）, 178, 180, 265

——市……⑤118〜122

マルタ島……②5, 69, ⑤273, 274

マルチニック……③145〜147

マルチェ公国……④288

マルメ港（駅）……④164, 174, 182, 211

マルモラ海……④7, 16, ⑤179

マレー半島……⑤346

マレンゴ……⑤84

マンザナレス運河……⑤137

マンザナレス川……⑤134, 137

マンチェスター市……②14, 175

マンデブ岬……⑤297

マンハイム……④267

マンハッタン……①279, 282

ミシガン湖……①44, 47, 178, 179, 183

ミシシッピ川……①44, 171, 175, 176, 178

ミズーリ川……①44, 165, 166, 171, 172

ミズーリ州……①52, 188

ミシシッピ河谷……①40, 43, 44, 53, 172

ミディ運河 ……………………………⑤180
ミドルセックス州 ……………………②35
ミネソタ州 ……………………………①44
ミュッテルドルフ ……………………④433
ミュルゲンタール駅…………………⑤57
ミュルツシュラーグ …………………④433
ミュンシングン ………………………⑤63
ミュンスター …………………………③324
ミュンヘン ………………………④264, ⑤51
——市 ………………………………………
④268, 269, 270（挿絵), 271, 272, 275
ミラノ ……………④297, 301, 385, ⑤178
ムーズ川 ………………………………③182
ムール川 ………………………………④433
メイ島 …………………………………②254
メーラレン湖 …………………④174, 187
メーレン州 ……………………………④414
メーン州 ……………………………①43, 319
メクレンブルグ・シュウェーリン大公国 ……………………………④126
メクレンブルグ・ストレリッツ大公国……………………………………④124
メッシナ …………………………④297, ⑤272
——海峡 ………………………④287, ⑤272
——湾 ……………………………⑤271, 272
メッツ …………………………………③326
メヤ島 …………………………………①77
メリーランド州 …………①52, 200, 265
メルク …………………………………④467
メルローズ駅 …………………………②265
メンザーレ湖 ……………⑤277, 280, 291
モーゼル運河 …………………………③8
モスクワ …………………④9～11, ⑤178
モデナ公国 ……………………………④288
モルガルテン …………………………⑤75
モン・ヴァレリアン
………………………③55, 58, 111～146
モンゴル………④5, 16, 59, 68, 112, 462
モンス …………………………………③194
モン・スニ峠 …………………………④291
モン・ブラン（山）
………③3, 7, ④290, ⑤45, 95, 96, 104
モンテ・ローザ ……………④290, ⑤45

や行

ヤーデ港 ………………………………④216
ユタ（準州）
………①46, 134, 139, 142～143, 150
ユタ湖 …………………………………①141
ユタ高原 ………………………………①154
由良の門 ………………………………⑤377
ユングフラウ山 ……………………⑤66, 67
揚子江 ……………⑤370, 371, 375, 376
ヨーロッパ中央平野 …………………⑤170
横浜 ……………………………①25, ⑤377

ら行

ラ・プレーヌ駅 ………………⑤108, 110
ライデン ……………………③266, 271
——市 …………③267, 268（挿絵）
ライバッハ …………………………④412, 430

ら

ライバッハ駅……④431
ライン川……
③8, 304, 325（挿絵）, ④252, ⑤46, 52, 173, 176, 177
ライン渓谷……③12
ライン州……③302, 324～326
ラドガ湖……④8, 9, 35, 88, ⑤174
ラファイエット・スクウェアー……①207
ララミー……①160
ランカシャー州……②13, 123, 167
ランカスター……②212
ラングドック運河……③8
ランゲンヴァンク……④433
ランブリング渓谷……②266
ランブリング滝……②266
リヴァプール（港）……
②6, 7, 18, 33, 34, 122～126, 129, 145～147
——市……②123～125
リヴォニア湾（リガ湾）……④16
リエージュ……③206, ⑤176
リガ港……⑤181
リスボン市……⑤144
リスボン港……⑤180
リッタイ……④432
リッペ侯国……④233, 234
リティノス岬……⑤275
リマット川……⑤53, 56, 57
リューベック……④43, 211～214
——港……⑤181
——湾……④216
リヨン……③7, 10, ⑤117, 178
——市……⑤111
リンダウ（波止場）……⑤51
リンツ……④411
ル・アーブル（港）……⑤180
ルイジアナ州……①57
ルーガ駅……④33, 34
ルードルスタット……④242
ルソン島……③312, ⑤368, 369
ルツェルン……⑤77, 78（挿絵）
——駅……⑤84
——湖……⑤45, 76, 84, 174
——州……⑤72
ルングルン湖……⑤73（挿絵）, 74
レウス川……⑤77, 84
レオン……⑤140
レッギオ・アスプロモンテ港……⑤272
レディング……②427
レマン湖（ジュネーヴ湖）……
⑤45, 46, 93, 94（挿絵）, 104, 106（挿絵）
レユニオン島〈元ブールボン島〉……③146
レンベルグ……④416
ロアーズ……②270
ロアール川……③8
ロウェルツェル湖……⑤82
ローウェル……①411
ローエンプルグ公国……④128
ローザンヌ……⑤48, 95, 104, 107
ロードアイランド州……①414～415
ロート湖……⑤821
ローヌ川……

③7, ⑤46, 104, 108, 110, ⑤174
ローマ……
④289～292, 295, 297, 298, 318, 321～325, 331（挿絵）, 333, 334, 335（挿絵）, 336, 337（挿絵）, 358, 378, 379, 381
――駅……④323
――市……④317, 322～325
――法王庁……④325, 329
――法王領……①4, ④290, 324, 326
ロール駅……④261
ローレンス……①407
ロシア平原……⑤171
ロチェスター……①316
ロッキー（山地）……
①39～43, 47, 85, 105, 140, 141, 150～152, 154, 155, 157, 166
ロッテルダム（港）
……③252, 262, ⑤180
――市……259, 260（挿絵）
ロッホ・アーン……②273
ロッホ・ヴェナハー……②274
ロッホ・カトリーン……②277～280
ロッホ・テイ…②264, 268～270, 272
ロッホ・ローモンド……②282～284
ロッホ・ロブナイ……②273
ロベレート……④282
ロマンスホルン駅……⑤51, 52
ロレーヌ……③3
ロング・ワーフ桟橋……①327
ロンドン……
②7, 23, 29, 34～43, 45～51, 63, 71, 103, 107～109, 113, 424, 433～435, 442～444, ③22, 31, 37, 38, ⑤178
――市……②35～38, 45～47, 50, 51
ロンバルディア（～平野）
……④288～290, 296, 384, ⑤170

わ行

ワーテルロー……③226～231
ワーリック……②387
ワーリック州……②382, 391
ワールプール……①309～311
ワイマール……④2431
ワインスホロー駅……④26
ワサッチ……①155, 157
――渓谷……①154, 156（挿絵）
――山脈（山地）……①154～156
ワシントン……
①203～209, 211, 213, 227, 229, 271, 331, 335, 338, 339, 343, 344, 346, 349, ②438
――市……①205～209, 213, 214
ワルシャワ……④10, 18
ワルデック侯国……④232

総目次

各章の見出しに続く日付、および小見出しは、本文中にはないものであるが、底本に従い目次中にのみ現代語化してこれを掲げた。小見出しの頁数は、底本の頁数と照合し本現代語訳版の当該頁に改めた。なお、底本では挿絵についても目次にいれているが、それは省いた。

第1巻｜アメリカ編

序　文……3

◎**第1章　太平洋の旅**　明治4年辛未11月から12月5日……25
横浜出発　25／定期船アメリカ号の様子　26／太平洋の航程日表　28／太平洋の航海　29／西洋の大晦日のこと　33／航海中の雑事　33

◎**第2章　アメリカ合衆国総説**……37
面積と人口　39／山脈と平野　41／川・湖と水陸の輸送路　44／気候　47／農産牧畜　48／鉱工業　51／貿易の状況　54／人種・風俗　56／一般教育　58／宗教　60／貨幣と度量衡　60

◎**第3章　サンフランシスコ市の記　上**　12月6日から15日……65
サンフランシスコ市の概説とホテルの様子　69／ミッション社の羊毛紡績工場　73／ウードワード公園―博物館設備論　73／サンフランシスコ湾周遊とメヤ島造船所　76／ブース社の鉱山機械工場　77／民兵のパレード　77／サンフランシスコ近郊と村の状況　78／オークランドへのフェリー桟橋とサン・ノゼの町　79／デンマン女学校と唱歌のこと　81／リンカーン小学校と教師の給料のこと　82／大パーティとその醵金法について　83

◎**第4章　サンフランシスコ市の記　下**　12月16日から21日……85
アグリカルチュラル・ガーデン競馬場　86／クリフ・ハウスの眺め　86／オークランドの町　88／ワイナリー見学―貿易と信用のこと　89／オークランドの学校回覧（私立兵学校・盲聾唖学校・ユニバーシティ）　91／馬具工場　94／港の倉庫―欧米の一般的商業施設のこと　94／サンフランシスコのこと　95

◎**第5章　カリフォルニア鉄道の旅**　12月21日から24日……104
カリフォルニア州概説（歴史・地理・地味・人種・清国からの移民）　104／寝台車のこと　110／カリフォルニア平野　112／ストックトンの精神病

院　113／サクラメント市　113／機関車工業　114／カリフォルニア州議事堂　115／シエラ・ネヴァダにかかる　116／ゴールド・ランの金選鉱設備―世界の大金山と金の効用について　119／険路シエラ・ネヴァダ、スノーシェッド、ラッセル車　125

◎**第6章　ネヴァダとユタの記**　12月25日から晦日 ……………………129
サミット・トンネル　129／ネヴァダ州略説　129／トラッキー川とハンボルト　130／インディアンの住居とインディアンのこと　132／パリセード峡谷の風景　137／ユタ準州略説とオグデンのこと　139／グレート・ソルトレイク　140／ソルトレイク市のこと　141／ユタ政庁と準州（テリトリー）のこと　142／モルモン教会とモルモン教のこと　143／フォート・ダグラス訪問　146／マウンテン・ホール・スクールとモルガン商業学校　147

◎**第7章　ロッキー鉄道の旅**　明治5年壬申正月から17日 ……………149
ユタ準州と近在の銀山のこと　150／ワサッチの山険　152／ワイオミング準州略説　157／ロッキーの荒野　158／メディシン・ボウ山脈とシャーマン・サミット　160／ネブラスカ州略説　161／ネブラスカの荒野とプラット川　162／オマハ市　163／ミズーリ川の橋の建設と移民列車―アメリカの荒野における開拓と移民　165

◎**第8章　シカゴ鉄道の旅**　正月17日から19日 ………………………171
ミズーリ川とセントルイス　171／アイオア州略説―トウモロコシの利益　172／ミシシッピ川―水上輸送のこと　175／イリノイ州略説　177／シカゴ市総説　179／水道ポンプとミシガン湖底トンネル　181／化学消防ポンプ　182／シカゴ川底のトンネル　183／シカゴの小学校と商業取引所訪問　185

◎**第9章　シカゴからワシントンへ**　正月20日から21日 ……………188
インディアナ、オハイオ両州略説　188／オハイオ州とシンシナティ市　189／ピッツバーグ市　190／サンフランシスコ以東沿線各州の開拓について（面積と人口の表・牧畜とその利益の表・荒地の売り渡しのこと・麦と雑穀の表・アメリカの耕作法・農業機械などの統計表）　191／デラウェア州の略説　199／メリーランド州とバルチモア市の略説　200

◎**第10章　コロンビア特別区総説** …………………………………203
コロンビア特別区の由来　203／ワシントンの市街と道路管理―道路建設問題　205／乗合馬車と馬車鉄道　211／馬車鉄道の由来　212／市内の建

築と暮らし　213／気候、日本との比較　215

◎**第11章　ワシントン市の記　上**　正月21日から2月24日 ………218

ホワイト・ハウス　218／キャピトル―合衆国の政体　219／消防訓練を見る　228／ソルジャーズ・ホーム　228／黒人学校―奴隷制度の由来と廃止　229

◎**第12章　ワシントン市の記　中**　2月25日から3月20日 …………236

パテント・オフィス―蒸気船と電気の発明　236／印刷局　243／スミソニアン・インスティテューション　246／ポトマック川回遊　246／天文台　250／大蔵省と造幣局　250／海軍の工廠　253

◎**第13章　ワシントン市の記　下**　3月21日から5月4日 …………255

中央郵便局とデッドレター―郵便制度について　255／農業振興局―米国農業と欧州移民　258／アナポリス海軍兵学校―西洋における婦人崇拝のこと　265／アーリントン墓地でのメモリアル・デー　269／精神病院とその地下通風設備　272

◎**第14章　北部巡覧の旅　上**　5月5日から7日 ………………………275

途上のニュージャージー州　275／ジャージーシティからニューヨークへのフェリー　276／ニューヨーク、ブロードウェイの繁華―市場のこと　278／荷揚げ場のにぎわい　281／セントラル・パーク　281／ウェストポイント士官学校　287／士官生徒の訓練と試験　289

◎**第15章　北部巡覧の旅　中**　5月8日から9日 ………………………294

ハドソン川上流　294／オルバニー市とニューヨーク州総説　295／バッファローからの大運河　298／シラキュースの製塩　301／ナイアガラ村　302／ナイアガラの滝（アメリカ滝・馬蹄滝・カナダ滝・三姉妹島）　303／ワールプールと吊り橋　309／カナダ領の博物館　313

◎**第16章　北部巡覧の旅　下**　5月10日から16日 ……………………316

ロチェスター市　316／サラトガ・スプリングスの大ホテル　316／サラトガ湖と温泉　318／ヴァーモントとマサチューセッツのこと　319／石材鉱山―西洋の瓦のこと　320／ボストン市の公園―アメリカ諸都市の発展　321／「太平楽会」（平和大音楽会）―愛国心のこと　323／ボストン港の周遊　327／飛行船のこと　328／スプリングフィールド銃器工場　330

◎**第17章　ワシントン市後記**　5月17日から6月21日 ………………335

暑中のワシントン―避暑という習慣、官吏の休暇　335／南部諸州の産物（タバコ・米・綿花・サトウキビ）　339／合衆国最近の財政　345／大統領

選挙と政党　346
◎**第18章　フィラデルフィア市の記**　6月22日から25日 ……………356
クック氏の別荘—ワシントン準州の新開港のこと　356／フィラデルフィア総説　358／造幣局—東西の貨幣の違いについて　361／ジラード・カレッジ　364／フェアモント公園—アメリカ諸都市の気風　365／インディペンデンス・ホール　370／監獄　372／フィラデルフィア市雑記　373／ペンシルヴァニア州総説　374
◎**第19章　ニューヨーク市の記**　6月26日から27日 …………………378
各地の利益競争と都市の繁盛　378／ニューヨーク市総説　381／聖書会社　383／キリスト教青年会—欧米人の信仰　383／障害児病院　388／「シュワルト」氏の百貨店と同氏の財産形成　389／新聞社—盛んな米国の新聞　391／中央電信局　393／フランクリン氏の百貨店とハーパース・マガジン社　394／牡蠣とその養殖法　395
◎**第20章　ボストン市の記**　6月28日から7月3日 …………………400
ボストン市とマサチューセッツ州の略説　400／ボストンの大学　403／消防署見学　403／ローレンスの綿紡績工場—綿紡績のこと　404／ローウェルの羊毛紡績工場　411／貯水池とボストン近郊の散策　412／オーロラと地磁気のこと　413／ハドソン村を訪ねる　414／ロードアイランドとプロヴィデンス、州の生産力　414／ボストン出発　415／アメリカとは何か　416／大西洋航海の日程　417

第2巻｜イギリス編

◎**第21章　イギリス総説** ……………………………………………………………3
連合王国の概略　3／山河・道路と気候　5／農産牧畜　8／鉱業　11／工業　14／貿易　16／人種　21／風俗　23／教育　25／宗教　26／度量衡と貨幣制度　28
◎**第22章　ロンドン市総説**　明治5年7月13日から14日 ……………33
リヴァプール到着　33／ロンドン市の概要と貿易統計　35／テームズ13橋と市街　38／ロンドンのシティ　45／ウェストミンスター—サザークとロンドンのにぎわい　49

第2巻｜イギリス編

◎**第23章　ロンドン市の記　上**　7月15日から30日 ……………………55
ケンジントンの常設博覧会―イギリスの工業振興　55／ブライトン遊覧と水族館　62／ポーツマスとサザンプトン　64／造船所見学と新発明の砲塔甲鉄艦―英国海軍のこと　65／ロンドン動物園　70
◎**第24章　ロンドン市の記　中**　8月1日から10日 ……………………74
バッキンガム宮殿　74／英国国会―英国の政体（上院・下院・政党・内閣）76／フランクリン船長の未亡人訪問　87／ウィンザー城　89／ウリッジ造兵廠　89／ベーコン・ヒルの大演習―英国陸軍のこと　91
◎**第25章　ロンドン市の記　下**　8月11日から26日 ……………………102
ロンドン市内の小学校　102／ロンドン塔　105／中央電信局と英国の電信　106／中央郵便局と英国の郵便　108／クリスタルパレス　112／大英博物館　116
◎**第26章　リヴァプール市の記　上**　8月27日から29日……………122
リヴァプールに赴く　122／リヴァプール市総説　123／商業取引所　126／消防訓練　127／リヴァプール・ドック見学（水門の仕掛け・穀物倉庫―穀物貯蔵のこと・ドライドック・荷揚げ上屋と石炭の荷役・タバコ倉）128／海員ホテル　140
◎**第27章　リヴァプール市の記　下**　8月30日から9月1日 ………145
博物館　145／マージー川畔の造船所―クレーンのこと―造船における分業　145／マージー川の商船学校　154／セント・ジョージ教会　156／クルウの鉄道工場（レール圧延・鉄鋼生産・車輪製造・機関車組立）156／英国の製鉄業の利益　163
◎**第28章　マンチェスター市の記　上**　9月2日から3日……………167
セント・ヘレンズのガラス工場―ガラスの製造工程―鏡の製造工程　167／マンチェスター市総説　175／綿紡績工場　176／ウィットウォース火砲製作所　177／巡回裁判所見学　182／監獄と水車による強制労働　183
◎**第29章　マンチェスター市の記　下**　9月4日から6日……………190
禁酒禁煙教会　190／プリント・サラサ工場　192／綿紡績工場　194／綿織物工場と染色　196／ゴム製造工場　200／反物雑貨問屋　203／刑事裁判所　203／オウエンズ・カレッジ　205／取引所　207／メンデル社の反物卸売問屋　207
◎**第30章　グラスゴー市の記**　9月7日から10日 ……………………211
グラスゴー市に赴く　211／グラスゴー市総説　214／紡績機械と機関車の

製造・銑鉄生産　215／同業組合（取引所・商工会議所・同業組合のこと）216／市内巡覧　222／グリーノックの造船所　223／ウォーカー製糖工場 224／サー・ブランタイアの別荘　228

◎**第31章　エディンバラ市の記**　9月11日から14日……………………234

エディンバラ市総説　234／高等裁判所　236／機械博物館　238／アーサーズ・シート丘の展望　238／スコットランド王宮　239／蒸気トラクター 241／ゴム靴とマント製造工場とボタン製造工場　243／コーワン製紙工場 246／ベルロックとメイ島の灯台　252

◎**第32章　ハイランド観光の旅**　9月15日から18日……………………258

ハイランドへ　258／アソール侯の荘園　259／キリークランキー渓谷 261／バーナム村とランブリング滝　264／キャンベル伯の荘園と教会の古跡　268／ロッホ・テイとキリン古城　269／カランダー村とロッホ・ヴェナシャール　273／トロサクスの風光とロッホ・カトリーンの佳景　276／グラスゴーの上水水路―英国人の遵法精神　278／ストロナクタカールの山道　281／ロッホ・ローモンド　282

◎**第33章　ニューキャッスル市の記　上**　9月19日から20日　……289

ガラシールズのラシャ工場―綿・毛紡績と英国人の産業意識　289／メルローズ・アベイの教会堂　295／ニューキャッスル市総説　298／アームストロング製作所と製鉄工程　298／炭坑見学と英国の石炭利用　303

◎**第34章　ニューキャッスル市の記　下**　9月21日 ……………………309

商業取引所　309／タイン川架橋の基礎工事　309／銅の精錬　311／浚渫船　314／鉛の精錬（精錬法・白粉の製造・鉛丹製造）　315／ソーダ製造 321／防波堤建設とコンクリート　323／難破船救助法　325／天文台　326

◎**第35章　ブラッドフォード市の記**　9月22日から25日………………328

ブラッドフォード市総説　328／タイタス氏のアルパカ紡績工場　329／マニンガムの絹織物工業―屑糸の活用　333／ハリファックスの毛織物工場 339／ボールトン川の名所古跡　341

◎**第36章　シェフィールド市の記**　9月26日から29日…………………346

シェフィールド市総説　346／キャメル社の鋼材製作工場（ベッセマー製鋼炉―銑鉄と練鉄と鋼鉄のこと）　347／同社のホィール、シャフト等製造 357／デボンシャー侯の荘園　359／ロッジャース刃物製作所　365／ヴィッカース製鋼所　366／銀器・銅器製作所　369／カトラーズ協会の招宴 370

第2巻｜イギリス編　第3巻｜ヨーロッパ大陸編・上

◎**第37章　スタッフォード州とワーリック州の記**　10月1日から2日 ……………………………………………………………………375

オールソップビール工場　375／コヴェントリー市のキャッシュレース工場　382／スティーブン絹織物工場　383／ローゼラム時計工場　385／コヴェントリー市庁舎と古い教会　386／ワーリック古城　387

◎**第38章　バーミンガム市の記**　10月3日から6日 …………………391

バーミンガム市総説　391／チャンス社の灯台用ガラス製造—化学製品のこと　392／針製造　395／ヒンクス・アンド・ウェルズのペン工場　396／アストン氏のボタン工場　397／コーンフォース氏の釘製造所　398／オスラー氏のガラス器製造所　399／エルキントン金銀器製造所　399／貨幣鋳造工場　403／軍用銃製作所　403／ウースターの狐狩と製陶工場　404

◎**第39章　チェシャー州の記**　10月7日から9日 ……………………407

ビーストン・キャッスル村のトールマッシュ邸に泊まる　407／ミントン社の陶器製造工場　409／ノースウィッチの岩塩抗—塩の利用　415／チェスター市近郊の塩井と製塩　420／トールマッシュ氏の田園　421／チェスター市の回覧、町並みと裁判所　423

◎**第40章　ロンドン市後記**　10月10日から11月15日 ………………426

レディングのビスケット工場　427／農業博覧会—勧農組織について　432／ベクトンのガス工場　434／下水施設　435／グリニッジ海軍病院　435／農業振興局—農業振興政策について　438／ロンドンの商業事情　441

第3巻｜ヨーロッパ大陸編・上

◎**第41章　フランス国総説**……………………………………………………3

面積・人口・略史　3／山河と道路と気候　7／農産牧畜　10／鉱工業　12／貿易　14／人種　17／教育　18／貨幣と度量衡　19

◎**第42章　パリ市の記　1**　明治5年11月16日から17日 ……………22

ドーヴァー・カレー連絡船　22／カレーからパリへ　24／凱旋門　25／チュイルリー宮とルーヴル宮　31／ブールヴァール・デ・イタリアン　35／パリの公園と教会　38／パリの商工業総説　40

◎**第43章　パリ市の記　2**　11月18日から明治6年1月8日 …………50

パノラマを見る　50／ティエール大統領の謁見、その略伝　52／ヴェルサイユ　55／ノートルダム教会　56／サンジェルマン離宮　58／国立図書館　58／コンセルヴァトアール展示場―工業振興について　62／造幣局　65／公益質屋　66

◎**第44章　パリ市の記　3**　1月9日から14日 ……………………………76

パリの墓地　76／ビュット・ショーモン公園―労働者街のこと　78／リュー・ド・ビュット・ショーモンの鉄工所　84／サンクルー村　87／セーブル陶磁器工房―製陶技術について　87

◎**第45章　パリ市の記　4**　1月15日から18日 ……………………………99

サンシール士官学校　99／ヴェルサイユ宮殿観覧　104／地下下水道　107／モン・ヴァレリアン要塞―パンの製造　111／ヴァンセンヌ城　116／陸軍病院　120

◎**第46章　パリ市の記　5**　1月19日から21日 ……………………………123

パリ郊外へ　123／フォンテーヌブロー宮殿　124／土木建築学校　127／鉱山学校　128／リュクサンブール宮殿　130／パリ銀行―銀行とは　131

◎**第47章　パリ市の記　6**　1月21日から22日 ……………………………141

ゴブラン織の工場　141／チョコレート工場―フランスの植民地とその物産　145／天文台とヘリオスタット　148／フランスの最高裁　150／監獄　153／エルブーフのラシャ工場　155

◎**第48章　パリ市の記　7**　1月23日から2月16日 ……………………159

クリストッフル社の金銀銅器製造工場　159／聾唖学校　162／盲学校　164／ブーローニュの森と動物園　168／化粧品製造工場　171／弾薬製造所　175

◎**第49章　ベルギー国総説** ……………………………………………………177

面積・人口・略史・政体　178／山河道路―鉄道建設について　182／農産牧畜　185／鉱工業　188／貿易　190／人種と風俗　191

◎**第50章　ベルギー国の記　上**　2月17日から21日 ……………………194

ブラッセル市　195／ガン市のハンプティン綿紡織工場　199／ハンプティン氏の花園　200／ラリス氏のリネン工場　201／砲兵隊の射撃訓練と要塞　203／リエージュ市　206／スレーン村のガラス工場　206／リエージュ市のコックリル鉄工所―鉄と文明　209

◎**第51章　ベルギー国の記　下**　2月22日から24日 ……………………218

クールセル村の板ガラス工場　218／プロヴィデンス製鉄所　220／「カン

トスランバー」社の板ガラス製造―ガラス製造技術　220／ブラッセルのブリキ工場　224／寄せ木細工工場　225／針製造所　225／ワーテルロー古戦場　226／アントウェルペン（アントワープ）総説　232／要塞と武器庫　233／オランダに向かう―松の植林のこと　234
◎**第52章　オランダ国総説**……238
面積・人口　238／略史と政体　239／オランダ低地の状況　241／農産牧畜　244／工業　246／貿易　247／人種と教育　249／度量衡と貨幣　250／オランダへの途上風景　251
◎**第53章　ハーグ、ロッテルダム、ライデンの記**　2月25日から3月1日……256
ハーグ市　256／ロッテルダム市　259／同市の造船所―ジャワ植民地略説　259／海軍省そのほか　265／ライデン市　267／同大学付属博物館　271／考古館と東南アジア博物館　273／ハーグの博物館と美術館　274
◎**第54章　アムステルダム市の記**　3月2日から7日……279
アムステルダム市　279／同市の王宮　283／クリスタルパレス　285／ダイヤモンド研磨工場　286／ヴォールスホーテンの銀器工場　287／アムステルダム近郊の運河工事　289／動物園―魚の養殖について　290
◎**第55章　プロイセン国の総説**……295
面積・人口・略史　295／地方分州　301／山河と道路　303／気候　304／農産牧畜　305／鉱業　309／工業　311／貿易　313／人種　315／教育　315／貨幣と度量衡　317
◎**第56章　プロイセン西部鉄道の旅**　3月7日から8日……321
ウェストファリアに向かう／森林保護法　321／ライン州に向かう　324／エッセン市のクルップ兵器工場―クルップ砲とは　327／プロイセン西部の概説とプロイセン国民の生活　332
◎**第57章　ベルリン市総説**　3月9日から11日……336
ベルリン市総説　337／プロイセン国勢概論　343／ティーアガルテンと動物園　348／水族館　350
◎**第58章　ベルリン市の記　上**　3月12日から15日……354
王宮　354／ドイツの政体とプロイセンの政体　355／ジーメンス電気工場　359／ベルリン大病院　360／貴族病院　363／博物館　363／陶器工場　365／美術館　368／宰相ビスマルクの招宴、その略伝　368
◎**第59章　ベルリン市の記　中**　3月16日から20日……373

兵器庫　373／モンビジュー城　376／ソーダ水製造所　377／印刷局　378／天文台　380／フランツ兵営　381／ベル・アリアンス騎兵兵営　382／プロイセンの兵制―モルトケの増兵建議　382／電信局　386／造幣局とドイツの新貨幣制度　387

◎**第60章　ベルリン市の記　下、付ポツダム**　3月21日から29日……390

監獄　390／ベルリン大学　395／消防署　396／市庁　397／漁業会社設立式―漁業とは　397／モアビット鉄工所　398／ポツダム　399／ノイエ・パレス　399／オレンジ宮　401／サン・スーシ宮　401／展望台　404／マーブル・パレス　404／バベルスベルグ宮　405／ポツダム城　406／東プロイセンに向かう　407／ケーニヒスベルクのこと　408

第4巻｜ヨーロッパ大陸編・中

◎**第61章　ロシア国総説**……3

面積と略史　3／ヨーロッパ・ロシアの地域区分と人口　6／自然と道路　7／気候　10／農産牧畜　10／鉱工業　13／貿易　14／人種　17／教育　19／貨幣と度量衡　21

◎**第62章　ロシア鉄道とサンクト・ペテルブルグ市の総説**　3月29日から31日……26

ロシア国境の駅　26／平野の景色―農奴の解放　27／森林風景と森林保護法　31／ルーガ駅　33／サンクト・ペテルブルグ市の概説　35／同市の物産と貿易―リューベックとの関係　40／市の気候　45

◎**第63章　サンクト・ペテルブルグ市の記　上**　4月1日から6日…50

ロシア政庁（皇帝の正宮）　50／農業博物館　51／エルミタージュ美術館　57／皇帝との謁見、ロシア帝室の富　61／ネヴァ川とペトロパヴロフスク城　63／皇帝の教会堂と宗教主としての皇帝　64／造幣局　68／ピョートル帝旧居　70／弾薬製造所と大砲仕上げ工場　71

◎**第64章　サンクト・ペテルブルグ市の記　中**　4月7日から9日…78

紙幣印刷局と製紙工場　78／図書館　82／コルピノの海軍工廠―ロシア海軍　85／孤児院　89／聾唖者施設　92

第4巻｜ヨーロッパ大陸編・中

◎**第65章　サンクト・ペテルブルグ市の記　下**　4月10日から15日 ……………………………………96

軍服製造工場　96／鉱山機械博物館　98／解剖研究室　102／オブホフ製鉄所　104／陸軍練兵—コサック兵のこと—ロシアの国勢論　105

◎**第66章　北ドイツ前記**　4月16日から17日 ……………………………116

ドイツ連邦略説　116／ポンメルン州とシュテッツィン市　122／両メクレンブルグ　124／旧ローエンブルグ国　128／ハンブルグ自由市の共和制　128／ハンブルグ動物園　133／港の状況　135／エルベ河岸　135／キール港　137

◎**第67章　デンマーク国の記**　4月18日から23日 ……………………………142

ドイツ人・デーン人の境界　142／面積・人口・略史・政体　143／地理と気候　147／産業と貿易　148／人種・風俗と貨幣　150／コルソール港からゼーランド島に　151／コペンハーゲン　151／歩兵兵営　153／デンマーク王宮　153／民族学博物館—デンマークの植民地　156／海軍造船所　158／コペンハーゲン概説　163

◎**第68章　スエーデン国の記　上**　4月23日から25日 ……………………170

面積・人口・政体（以下、ノルウェーと合わせて論じる）　170／地理・気候　173／農産牧畜　176／鉱工業　178／貿易、ノルウェーの海運の盛況　179／人種　180／貨幣　182／マルメ港　182／スエーデン南岸地方の様子　183／内陸部の様子　184／ストックホルム　185／博物館　188

◎**第69章　スエーデン国の記　下**　4月26日から30日 ……………………192

海軍工廠とノルウェー親衛隊兵舎　192／スカンディナビア博物館　193／産業博覧会　196／ドロットニングホルム離宮　196／ラシャ工場　199／ベルグサンド造船所　199／リクメン木工所　202／マッチ製造工場　203／ボリンデル製鉄所　205／小学校—必須な普通教育　208／チーズ工場　210

◎**第70章　北ドイツ後記　上**　5月1日から3日 ……………………………212

リューベック市の自治政治　213／旧シュレスウィッヒとホルスタイン　215／バルト海と漁業公社　216／オルデンブルグ　217／ハンブルグ再訪問　219／欧州各地の風俗のこと　220／ブレーメンの自治　224／ハノーヴァー　226／ブラウンシュワイクとその公室の富裕　228／ヘッセ・カッセル　231／カッセル近くの三つの小国　232

◎**第71章　北ドイツ後記　下**　5月4日から5日 ……………………………238

ザクセン諸国の略説　238／ザクセン王国　244／フランクフルト・アム・マイン　250／パルメンガルテンと動物園　250／神聖ローマ帝国の旧議会　251／ナウマン社の紙幣印刷工場　253

◎**第72章　南ドイツの記**　5月5日から7日 …………256

南ドイツとは　256／ヘッセ・ダルムスタット―芥子栽培の利益　259／マイン川上流に沿って走る　260／バイエルン国境　262／バイエルン王国略説　263／ニュールンベルグとホップ市場　266／ヴュルテンブルグとバーデン　266／ミュンヘン　268／美術館　269／孤児院と大銅像　273／ミュンヘンの生活状況　274／ホーエンツォレルン国略説　275

◎**第73章　イタリア国の概説**　5月8日 …………278

オーストリアのチロル州　278／山の中の鉄道　279／イタリア国境　282／ヴェロナ　286／イタリアの面積と人口―イタリア統一について　287／自然と輸送　290／農産　293／鉱工業　296／人種　297

◎**第74章　フィレンツェ市の記**　5月9日から10日 …………301

フィレンツェ市　301／サンタ・マリア（デル・フィオーレ）　302／美術館とトスカーナ宮　305／博物館と古政庁　308／モザイク製造所と大理石彫刻　308／陶器工場　311／イタリアの養蚕業　313／オリーブ栽培　315

◎**第75章　ローマ市の記　上**　5月11日から12日 …………317

古代ローマと中国との交流　317／ローマ市略説―ローマ法王の由来と歴史　323／サン・ピエトロ教会　329／サンタンジェロ城とティベーレ川の橋　333／パンテオン教会　334／古代ローマのフォールム遺跡　336／コロシアム遺跡　336

◎**第76章　ローマ市の記　下**　5月13日から19日 …………342

ヴァチカン美術館・博物館　342／カラカラの浴場遺跡　345／カタコウム　345／曲馬場遺跡とチェチーリア・メテルラの壁　348／歩兵、騎兵、砲兵の兵営と軍病院　348／養蚕所―養蚕技術　350／カピトリーヌ美術館と古代の地下牢　352／聖ペテロ以降のキリスト教盛衰　352／ローマ水道の遺跡　354／サン・ジョバンニ教会とサン・パオロ教会　356／ローマ皇帝旧居遺跡／欧州文化の淵源としてのローマ　358

◎**第77章　ナポリ市の記**　5月20日から26日 …………364

カセルタの王宮　364／ナポリとナポリ王国概説　367／ナポリの三名物、火山、ポンペイ博物館、珊瑚　370／ポンペイで発掘された紀元50年の町　373／ヘルクラネウムの村　377／ナポリからローマに帰る　378

第4巻｜ヨーロッパ大陸編・中　第5巻｜ヨーロッパ大陸編・下

◎**第78章　ロンバルディア及びヴェネツィア市の記**　5月27日から6月2日……381

ローマからフィレンツェ経由ロンバルディアへ　381／ボローニャとロンバルディア地方　384／パドゥアの養蚕学校と蚕種のこと　386／ヴェネツィア市　389／共和国旧政庁と共和制廃止の由来　391／サン・マルコ教会と鐘楼　393／文書館　395／支倉六右衛門の書簡のこと　396／ガラス工房　400

◎**第79章　オーストリア国総説**……408

オーストリアの由来　408／連邦各地域の面積・人口・人種　410／自然と交通、気候　417／農・鉱・工産物　419／貿易　420／貴族と人種　422／教育　424／貨幣　426

◎**第80章　オーストリア行路とウィーン市概説**　6月3日から6日……429

ナブレチナ駅とトリエスト市　429／クライン州のライバッハまで　430／スタイエルマルク州グラーツ市まで　432／セメリング山内の景色　433／ウィーン市　438／ウィーンの舗装　439／ウィーンの生産と経済状況　442／ハンガリーとの二重王国とオーストリアの政体　444／練兵を見る　445

◎**第81章　ウィーン市の記・ハンガリー略説**　6月7日から18日…451

兵器庫と造兵廠（小銃組立工場・薬莢工場・大砲組立工場・木工場・弾薬工場）　451／軍服縫製所　455／皇帝の宝庫　456／皇帝の式典　458／フン族の欧州侵入のこと　461／ハンガリー国略史と政体　463／その風俗と産業　464／モレシー氏のハンガリー論　464／ケンメルバッハ駅のビール醸造家　468

第5巻｜ヨーロッパ大陸編・下　附 帰航日程

◎**第82章　万国博覧会見聞の記　上**　……3

序論　3／万国博覧会の由来　4／プラーテル公園博覧会場の建築　8／各国の陳列棟の配置　11／各国陳列品見たまま（アメリカとブラジル、イギリス、フランス、スイス、イタリア、ベルギーとオランダ）　12

第5巻｜ヨーロッパ大陸編・下

◎**第83章　万国博覧会見聞の記　下** ……………………………………21
各国陳列品見たまま続き（ドイツ、オーストリアとハンガリー、ロシア、デンマークとスエーデン・ノルウェー、ギリシャ、エジプト、ルーマニア、トルコ等、日本）　21／美術館と西洋の絵画技術　29／機械館　34／農業展示パビリオン　36／会場内庭園の出店　38

◎**第84章　スイス国の記**　6月19日から21日 ……………………………41
面積・人口・略史　41／独・仏・伊語の三地域と政体　43／自然と交通　45／農産物　47／鉱工業　47／貿易　49／人種と風俗　50／バイエルンからコンスタンス湖に向かう　51／ロマンスホルンからチューリッヒへ　52／チューリッヒと大小学校　53／チューリッヒからベルンへ　56／ベルン市とその近郊　59

◎**第85章　スイス観光の記**　6月22日から24日 …………………………63
ベルン市からトーン村へ　63／トーン湖の風景　65／インタラーケン村　67／ブリーンツ湖とギースバッハの滝　69／トラハト村　71／ブリュニッヒ風景　72／サルネン湖の村―三人の猟師の話　74／サルネンからルツェルンへ　76／ルツェルン市　77／ヴィツナウ波止場から登山鉄道で山上へ　79／ルツェルンからベルンに帰る　82

◎**第86章　ベルン及びジュネーヴ市の記**　6月25日から7月15日 …88
ベルン市の小学校―基礎教育のこと　88／博物館と図書館　91／ベルンからジュネーヴへ　91／ジュネーヴ湖とローザンヌ市　93／ジュネーヴ市の上水揚水場　96／パテック・フィリップ社時計工場　98／監獄　100／ジュネーヴ州政庁―スイスの政治　100／米英「アラバマ号国際紛争」審判　102／ジュネーヴ湖遊覧　104／ジュネーヴからフランスへ　107

◎**第87章　リヨンとマルセイユ市の記**　7月15日から19日…………110
ラ・プレーヌ駅からリヨンへ　110／リヨン市―養蚕のこと―蚕の五つの疫病　111／生糸取引所　115／絹織工場　116／染糸工房　117／リヨンからマルセイユへ　117／マルセイユ市　118／マルセイユ港　122

◎**第88章　イスパニア、ポルトガル略記** ………………………………126
イスパニアの面積・人口・略史　126／人種・風俗、内乱の由来　130／地理、マドリード市、バルセロナ港　134／セビーリア市等　136／河流・道路　136／気候　137／農産牧畜　138／鉱工商業　139／教育と宗教の弊害　141／ポルトガルの面積・人口・略史・政体　142／地理・気候、リスボン市　144／農業・鉱業・工業・商業　145／人種・風俗・教育　146

1 事項
2 人名
3 地名
4 総目次
5 挿絵キャプション一覧

第5巻｜ヨーロッパ大陸編・下

◎**第89章　ヨーロッパ洲政治・社会総論** ……………………………151
列国の大分類・小分類と国の形成　151／人種の権利　153／婚姻の権利　157／言語の権利　159／宗教の権利　161／政治の違い・社会の気風　164
◎**第90章　ヨーロッパ洲地理と輸送総論** ……………………………169
ヨーロッパの山脈と平野　169／河流と湖水　172／陸上貿易の要衝　175／海上貿易の要衝　177／道路とその建設・保全　181／輸送—物理的力の利用　184
◎**第91章　ヨーロッパ洲気候と農業総論** ……………………………188
気候変化の七要因　188／自然利用・加工・輸送と土地利用　190／農耕の産物　191／園芸の産物　201／牧畜と漁業　203／肥料のこと　205／農業振興組織のこと　206／農学の起源と農学校　208／農業博覧会のこと　210
◎**第92章　ヨーロッパ洲鉱・工業総論** ………………………………213
工業と鉱業の関係　213／石炭資源　214／鉄資源　216／木綿・毛・麻・絹の紡織　218／銅・鉛・錫など卑金属と貴金属　221／工業の目的・必需品の十分な需給　224／化学産品と採石業　227／工芸品　230／企業家と労働者の関係と労働者福祉　231／パテントのこと　234
◎**第93章　ヨーロッパ洲商業総論** ……………………………………237
商業を最重視する欧州人　237／商業の要、輸送　238／一般貿易・特殊貿易・出超と入超　242／原料・半製品・製品の貿易　246／貿易の十大品目　248／それ以外の主な貿易品　252／マーケットのこと　254／輸送会社・港湾設備・倉庫業　255／取引所　257／商工会議所　259
帰航日程
◎**第94章　地中海の旅**　7月20日から26日 ……………………………265
マルセイユ港　265／コルシカとサルディニア、ガリバルディ小伝　266／ナポリ港　269／エトナ火山とメッシナ海峡　271／英領マルタ島の要塞　273／トルコ領クレタ島　274／エジプトのアレクサンドリア市　275／運河入り口とポートサイド見物　277
◎**第95章　紅海の旅**　7月27日から31日 ………………………………283
フランス人レセップスのスエズ運河開発事業　284／スエズ運河　289／スエズ港　292／カイロ市のこと　294／紅海とシナイ山　295／ペリム島の砲台　297
◎**第96章　アラビア海の旅**　8月1日から8日 …………………………300

アラビアのこと、アデン港回覧　300／熱帯の人々の怠惰について　303／アデン貯水池　305／インド洋のトビウオ　307／ボンベイ市略記　308
◎**第97章　セイロン島の記**　8月9日から11日 ……………………312
ゴール港　312／チャイナ・ガーデンのアタパトゥ・ヴィハラ寺院　315／ボナヴィスタの釈迦涅槃像　316／シナモン・ガーデン　318／ウァックウェラ・ガーデン、ワニのこと　319／セイロン島略記（英国の支配・人種と生活・産物と貿易）322
◎**第98章　ベンガル湾の旅**　8月12日から17日 ……………………328
セイロンの山々　328／カルカッタ市略記―日本の貿易の目の付け所　329／アチェ首長国とオランダの交戦―欧州人の東南アジアへの暴戻　338／マラッカ海峡風景　343
◎**第99章　シナ海の旅**　8月18日から26日 ……………………346
マラッカの地理と風俗　346／シンガポールの産物と貿易　347／安南、サイゴン川の沼沢地　349／サイゴン　350／ショロンと西王母廟　353／安南略説（トンキン・コーチ・カンボジャ・チャンパ）355
◎**第100章　香港及び上海の記**　8月27日から9月13日 ……………362
香港島風景　362／香港の起源、同回覧　363／香港・広東貿易、昔の南海貿易　364／台湾島略説　367／ルソン島マニラ略説　368／揚子江口の状況　370／上海県　371／滬城と城隍廟　372／中国人の風俗　373／造船所　375／長崎の風景　376

挿絵キャプション一覧

第１巻｜アメリカ編

①30-31	世界燥湿潮流之図
①64	合衆国サンフランシスコ港近郡之図
①66	ゴールデンゲート内、サンフランシスコ港全景
①72 上	ゴールデンゲートとブラックポイントの風景
①72 下	サンフランシスコのウードワード公園
①87 上	アルカトラス島の砲台
①87 下	クリフ・ハウスの風景
①117 上	ケープ・ホーン風景。海抜約 1,070 メートル
①117 下	ブルーマー・カット。海抜 380 メートル
①124 上	スノーシェッドの内部
①124 下	シエラ・ネバダ鉄道のスノーシェッド
①125	ラッセル車
①128 上	サミットトンネル。海抜約 2,140 メートル
①128 下	トンネルを出てトラッキー川添いに下る
①136 上	ハンボルト荒野のインディアンの住まい
①136 下	パリセード峡谷
①144 上	ソルトレイクシティの市庁舎
①144 下	モルモン教教会堂
①153 上	エコー村付近のウェーバー川
①153 下	デヴィルズ・ゲートにかかる橋
①156 上	ワサッチ峡谷
①156 下	ロッキー山中の荒野
①184 上	シカゴ市庁舎に電線が交錯している様子

第1巻｜アメリカ編

①184下	ミシガン湖と導水トンネルの図
①206上	ペンシルヴァニア・アヴェニュー。遠景は国会議事堂
①206下	ポトマック川の新しい橋
①220上	合衆国国会議事堂（キャピトル）
①220下	ホワイト・ハウスとジャクソンの銅像
①237上	合衆国パテント・オフィス
①237下	同、内部
①248上	ヴァージニア州マウント・バーノンのワシントン旧居
①248下	ジョージ・ワシントンの墓所
①251上	合衆国財務省
①251下	造幣局
①270上	ポトマック川東岸のリー将軍旧居
①270下	1864年に設置されたアーリントン国立墓園
①277上	ジャージーシティからニューヨークへのフェリー
①277下	ニューヨークの高架鉄道
①285上	セントラルパークの中心部
①285下	マーケットのにぎわい
①288上	ウェストポイント士官学校
①288下	士官学校からハドソン川を望む
①297上	ハドソン川沿いの鉄道
①297下	エリー運河
①304上	ナイアガラの滝と三姉妹島
①304下	ナイアガラの滝と第一吊橋
①310上	ワールプールのゴンドラ装置

①310 下	第二吊橋
①317 上	サラトガ・スプリングスのグランド・ユニオン・ハウス（ホール）
①317 下	ホテルから公園をながめる
①324 上	ボストンのビーコン・ストリート
①324 下	ボストン「太平楽会」の会場
①366 上	フェアモント公園
①366 下	アーチ・ストリート
①371 上	インディペンデンス・ホール
①371 下	造幣局
①380 上	ニューヨーク・ブルックリン間のフェリー
①380 下	ニューヨークのブロードウェイ
①390	スチュワートの百貨店
①401 上	ボストンの公園から州庁を望む
①401 下	ボストンの繁華街

第2巻｜イギリス編

②36 上	ロンドン橋。右にモニュメント、左にセントポール教会を望む
②36 下	テームズの河底トンネルの様子
②40 上	リーゼント・ストリート（ロンドンで最もしゃれた街）
②40 下	チャリング・クロス駅
②44 上	シティの門の一つ
②44 下	ニューマーケットの建物
②46 上	ロンドン税関

第2巻｜イギリス編

②46下	イングランド銀行（後方）とロイヤル・エクスチェンジ（前方）
②56上	サウス・ケンジントンの常設博覧会場
②56下	同、内部の展示
②75上	バッキンガム宮殿正面
②75下	セント・ジェームズ公園からバッキンガム宮殿を望む
②77上	ウェストミンスター橋と国会議事堂
②77下	ブラックフライヤーズ橋とセントポール教会
②88上	ウィンザー城
②88下	ウィンザー橋（テームズ川上流）
②90上	ウリッジ（テームズ川下流）
②90下	リッチモンドの風景
②104上	ロンドン塔
②104下	同、城内
②111上	クリスタルパレスと噴水
②111下	クリスタルパレスの内部の光景
②124上	リヴァプール市庁を望む
②124下	船が群れているリヴァプールの岸壁
②132上	リヴァプールのドック水門と穀物倉庫
②132下	同、ドック内のにぎわい
②147上	リヴァプール、マージー川口の浮き桟橋
②147下	同、南岸の造船所
②157上	リヴァプールのノース・ウェスタン駅
②157下	同、セント・ジョージ教会
②184上	マンチェスター市の繁華街

第2巻｜イギリス編

②184下	同、監獄の内部
②206上	マンチェスターの新しい市庁
②206下	同、取引所
②221上	グラスゴーのメインストリートの一つ
②221下	同、クライド河岸
②235	エディンバラ駅から城とサー・ウォルター・スコットの記念塔を望む
②237上	エディンバラ城
②237下	アーサーズ・シートからの眺望
②240上	ホリルード・ハウス
②240下	同宮殿のメリー女王の寝室
②242	路上蒸気機関車
②251上	エディンバラ郊外、ロスリン教会
②251下	同、内陣
②275上	スコットランド、ハイランド地方のトロサクス風景
②275下	森陰の小径から奇峰を仰ぎ見る
②277上	トロサクス、ロッホ・カトリーンの船着場
②277下	同、湖の風景
②280上	山路から眺めたロッホ・カトリーン
②280下	インバースナイド滝上流の川
②283上	スコットランドで名高いインバースナイド滝
②283下	ロッホ・ローモンド。湖上の島々
②296上	アボッツフォードのサー・ウォルター・スコットの家。トゥーイ川に沿っている

②296下	メルローズ・アベイの廃墟
②330上	ブラッドフォード市郊外、ソールテア村の教会
②330下	同地のアルパカ紡織工場と駅
②343上	ブラッドフォード近郊のボールトン・アベイ
②343下	ウァーフ川からボールトン古城を望む
②388上	ワーリック城
②388下	ケネルワース古城（ワーリックの近く）
②408上	トールマッシュ氏の邸宅。ペックフォートン・キャッスルと呼ばれる
②408下	古城を模して造られたトールマッシュ邸の門
②428	レディングのビスケット工場
②436上	グリニッジの海軍病院
②436下	テームズ川下流の風景

第3巻｜ヨーロッパ大陸編・上

③26上	パリの凱旋門
③26下	シャンゼリゼ大通り
③30	コンコルド広場とオベリスク
③32上	チュイルリー宮殿の正門
③32下	同苑庭からシャンゼリゼ方向を望む
③34上	大通りに面した古い市門（サン・ドニ門）
③34下	ルーヴル宮殿
③36上	ブールス（取引所）
③36下	新市場

第3巻｜ヨーロッパ大陸編・上

③39上	パレ・ロワイヤルの庭園
③39下	サン・マルタン門
③42上	パリで一番美しい大通り（ブールヴァール・デ・イタリアン）
③42下	パリの繁華街にあるグランド・ホテル（グラントテル）
③54	ヴェルサイユ宮殿のオペラハウス（国会議事堂に使われた）
③57上	ノートルダム教会
③57下	ナポレオン一世の墓のあるアンヴァリッド
③75上	造幣局（オテル・ド・ラ・モネー）
③75下	ビュット・ショーモンの岩山と池
③86上	シャトー・サンクルーの廃墟
③86下	サンクルーからセーヌ川方向を望む
③103上	ヴェルサイユ宮殿内部
③103下	同宮殿の画廊
③106上	ヴェルサイユ宮殿外観
③106下	同、庭園の噴水
③109上	セーヌ川、ケー・ドルセーの公園（ここから下水道に入った）
③109下	同、運河の景色
③129上	リュクサンブール宮殿
③129下	同宮殿の庭園
③154上	パレー・デ・ジュスティス（最高裁判所）
③154下	同付属監獄（ラ・コンシェルジュリー）
③169上	ボア・ド・ブーローニュ
③169下	ボア・ド・ブーローニュの滝
③196上	ブラッセルの王宮

第3巻｜ヨーロッパ大陸編・上

③196 下	ブラッセル市内の眺め
③198 上	ブラッセルのサン・ミッシェル教会
③198 下	ブラッセル植物園
③208	ガラス工場の光景
③228 上	ワーテルロー村の風景
③228 下	イギリスのウエリントン将軍が本営として使った教会
③230 上	ワーテルロー戦勝記念の塚
③230 下	イギリスの将軍が死守したという建物
③258 上	ハーグの王宮
③258 下	ハーグの森
③260 上	ロッテルダム市街
③260 下	同市の運河と風車
③268 上	ライデン市街
③268 下	ライデンの運河と河岸
③282 上	アムステルダムの王宮
③282 下	同市の運河風景
③284 上	アムステルダムのクリスタルパレス
③284 下	跳ね橋
③325 上	ドイツのライン川風景
③325 下	ケルン市
③338 上	ベルリンのウンター・デン・リンデン大通り（ホテルを望む）
③338 下	ブランデンブルグ門
③340 上	ウンター・デン・リンデンに立つフリードリッヒ二世の銅像
③340 下	ルストガルテン・オペラハウス

③356 上	ベルリンの王宮
③356 下	同、皇太子の宮殿
③394 上	フリードリッヒ・ウィルヘルム大学
③394 下	スプレー川を隔てて建築大学と博物館
③400 上	ノイエ・パレス（貝珠宮）の内景
③400 下	サン・スーシ（無憂宮）の大噴水とフリードリッヒ二世の像
③403 上	マルモール宮
③403 下	プフィングスベルクから湖水を望む

第4巻｜ヨーロッパ大陸編・中

④36 上	サンクト・ペテルブルグの光景、聖イサク教会を望む
④36 下	コンノグヴァルジェイスキー通り（正しくはネフスキー通り）
④39 上	ピョートル大帝の銅像
④39 下	ニコライ一世の銅像
④52 上	サンクト・ペテルブルグの宮殿〈政庁〉（正しくはグラブヌイ・シュタッブ、つまり参謀本部の建物）
④52 下	海軍省の尖塔
④60 上	ネヴァ川の舟橋
④60 下	ネヴァ川から宮殿裏手を見る
④62 上	ペーテルホフの噴水
④62 下	冬宮
④72 上	ロシア皇太子の宮殿
④72 下	同、皇弟ニコライ大公の宮殿
④84 上	運河の河岸

第4巻｜ヨーロッパ大陸編・中

④84下	ネヴァ川南岸の尖塔（正しくはワシレフスキー島にあるエカテリーナ二世戦勝記念の尖塔）
④101上	サンクト・ペテルブルグのニコライ橋
④101下	ネヴァ川畔の鉱山博物館
④132上	ハンブルグの全景（エルベ川下流）
④132下	アルステル池前の繁華街
④134上	エルベ河岸
④134下	公園から港を望む
④152上	デンマーク、コペンハーゲンの風景
④152下	同、港口の風景
④154上	コペンハーゲンの王宮
④154下	海底電信本社（グレート・ノーザン・テレグラフ社、ただし建物は取引所のもの）
④160上	コペンハーゲンの運河と港
④160下	王宮の近くでは朝市が開かれる
④162上	コペンハーゲンの市街
④162下	アマリエンボー広場（正しくはコンゲンス・ニトロフ広場）
④186上	ストックホルム市の全景
④186下	同市、ホテル前の商店街
④189上	ストックホルム市の王宮
④189下	同、政庁
④195上	スカンディナビア博物館
④195下	ストックホルムの橋
④200上	ストックホルム近郊の病院

第4巻｜ヨーロッパ大陸編・中

④200 下	ストックホルムの湖と山を望む
④206	ボリンデル製鉄所
④230 上	ハンブルグの珍しい鉄橋
④230 下	ヘッセ・カッセルの風景
④241 上	ハルツ山中の「プランキン（不詳）」城
④241 下	ザクセンのゴータ市
④243 上	ザクセン山中の自然橋
④243 下	同、渓谷の風景
④249 上	フランクフルト・アム・マイン市全景
④249 下	マイン川の風景
④270 上	バイエルン王国、ミュンヘン市の王宮と劇場
④270 下	ミュンヘン市内の広場
④272 上	ミュンヘン市郊外の風景
④272 下	バイエルンを象徴する女神像
④285 上	イタリア、ヴェロナのコロッセウム旧跡
④285 下	同、古い砦からの眺め
④303 上	アルノ川とフィレンツェの町
④303 下	フィレンツェの庭園
④331 上	ローマ、サンタンジェロ城とティベーレ川の橋
④331 下	サン・ピエトロ教会とヴァチカン宮殿（カトリックの本山）
④335 上	ローマ時代の議院の列柱（正しくはサチュルヌ神殿のもの）
④335 下	ポーカスの柱（正しくはティテュス門）
④337 上	ローマのコロシアム
④337 下	ローマ水道施設のアーチ門遺跡

第4巻｜ヨーロッパ大陸編・中

④346上	カラカラ浴場の崩れ残った壁
④346下	軍病院の入浴治療施設
④357上	ローマで発掘されたシーザーの宮殿（正しくは歴代皇帝の宮殿）
④357下	同上
④366上	ナポリ近郊のカセルタ宮殿
④366下	ナポリ市海岸通りの風景
④374上	ナポリ近郊で発掘されたポンペイの遺跡
④374下	同、コロシアムの跡
④376上	ポンペイで発掘された絵画
④376下	同、発掘された死体
④383上	アルノ川上流、ピサの洗礼堂
④383下	同、斜塔〈当初から斜めに建てられた。科学者も不思議に思っている〉
④392上	ヴェネツィアの旧政庁
④392下	旧政庁の側面とサン・マルコ教会鐘楼
④394上	サン・マルコ教会前の広場
④394下	同教会の内部
④399上	ヴェネツィアの運河
④399下	ヴェネツィアのサンタ・マリア教会（ホテル・ニューヨークの前にある）
④434上	オーストリアのセメリング駅
④434下	セメリング駅から前途の鉄道を見る
④436上	セメリング山中、鉄道沿線の風景
④436下	同上

第4巻｜ヨーロッパ大陸編・中　第5巻｜ヨーロッパ大陸編・下

④440上	ウィーン市内、広場のマーケット
④440下	ウィーン市の大通り
④459上	ウィーンの聖ステファン教会（高さ136メートル）
④459下	ヴュルテンベルグ宮殿

第5巻｜ヨーロッパ大陸編・下　附 帰航日程

⑤5上	ウィーンのプラーテル公園
⑤5下	同公園の大通りと並木（この公園を万国博覧会会場とした）
⑤37上	ウィーン万国博覧会の中央会場
⑤37下	同会場に建てられた日本建築とエジプト建築
⑤54上	チューリッヒ市の大学
⑤54下	チューリッヒ湖から流れ出すリマット川の岸
⑤58上	ベルン市のホテル
⑤58下	ベルン市街
⑤64上	トーン湖から流れ出るアーレ川（ベルン州）
⑤64下	トーン湖の風景
⑤68上	インタラーケンの村落（ベルン州）
⑤68下	ウンテルゼーンの船着場（ベルン州）
⑤70上	ブリュニッヒへの山道からアーレ川を望む
⑤70下	ブリュニッヒ山中の風景
⑤73上	ブリュニッヒ山中の人家（ルツェルン州）
⑤73下	ルンゲルン湖畔の村
⑤78上	ルツェルン市の風景
⑤78下	フィーアヴァルト・シュテッツァー湖の風景

第5巻｜ヨーロッパ大陸編・下

⑤80 上	ヴィッナウ村船着場の登山鉄道駅
⑤80 下	登山鉄道の線路
⑤83 上	ヴィツナウから登りつめたところのホテルと風景
⑤83 下	谷を越えて行く登山鉄道
⑤92 上	スイスのフライブルグ市
⑤92 下	シオン村の古城
⑤94 上	レマン湖畔、ヴェヴェイの町
⑤94 下	同、ローザンヌのホテル
⑤97 上	湖水に面したジュネーヴ市の風景
⑤97 下	湖岸の風景
⑤106 上	レマン湖畔、エヴィアン村
⑤106 下	同、トノン村
⑤119 上	マルセイユ、ラ・プラード通りの並木
⑤119 下	マルセイユ港の灯台
⑤123 上	マルセイユ港の風景
⑤123 下	同、海岸風景
⑤268 上	ナポリの王宮と広場
⑤268 下	ナポリ全景とヴェスヴィオ火山
⑤290 上	エジプト人の風俗
⑤290 下	スエズ運河の入り口

現代語訳　特命全権大使　米欧回覧実記　全5巻
総索引

2008年7月10日　初版第1刷発行
2019年2月28日　初版第2刷発行

作成者――――水澤　周
発行者――――依田俊之
発行所――――慶應義塾大学出版会株式会社
〒108-8346　東京都港区三田2-19-30
TEL〔編集部〕03-3451-0931
〔営業部〕03-3451-3584〈ご注文〉
〔　〃　〕03-3451-6926
FAX〔営業部〕03-3451-3122
振替 00190-8-155497
http://www.keio-up.co.jp/
装　丁――――中垣信夫＋井川祥子
印刷・製本――株式会社精興社

Printed in Japan　ISBN 978-4-7664-1491-2